PRÉCIS HISTORIQUE

de

L'EMPIRE D'ANNAM

par

A. LOTTIN DE LA PEICHARDIÈRE.

Pour bien savoir les choses, il en faut savoir le détail...

(La Rochefoucault. - Maximes, Réflexions.)

TOULON
TYPOGRAPHIE ET LITHOGRAPHIE F. ROBERT,
Boulevard Louis-Napoléon.

1870

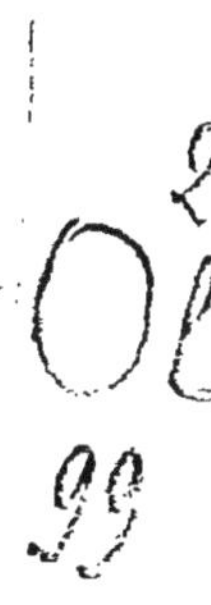

PRÉCIS HISTORIQUE

de

L'EMPIRE D'ANNAM

par

A. LOTTIN DE LA PEICHARDIÈRE.

Pour bien savoir les choses, il en faut savoir le détail...

(LA ROCHEFOUCAULT. - Maximes, Réflexions.)

TOULON
TYPOGRAPHIE ET LITHOGRAPHIE F. ROBERT,
Boulevard Louis-Napoléon.

1870

A MES ANCIENS ÉLÈVES

NICOLAS TRAN-BA-HUU & HENRI LÉ-CONG-PHUNG.

Voici, mes bons amis, le livre que vous attendiez avec une si vive et si légitime impatience ; c'est le résumé bien succinct de nos classes d'histoire. Vous aimiez ces classes et vous aviez raison de les chérir, car l'histoire nous apprend les causes des malheurs des peuples, les motifs de leurs décadences et de leurs chutes. Votre nation a souffert et vous avez compati à ses douleurs ; mais en reconnaissant les sources d'où proviennent ses maux, vous ne devez point demeurer simple spectateur, alors surtout que la position élevée des vôtres attire les regards. Appelés vous-mêmes à occuper un poste honorable, donnez l'exemple du bien, encouragez la vertu ; vous le savez, chers amis, le peuple placé en bas se modèle sur ceux qui occupent les premiers rangs. Si l'honneur, la justice et la vertu règnent parmi les puissants, ces belles qualités se retrouveront au cœur du pauvre et de l'artisan, et l'empire sera prospère ; mais ôtez ces principes de vie, le désordre et les défaillances suivent de près. Telle est la loi divine qui régit les peuples, et l'histoire nous en fournit les preuves les plus évidentes.

Je désire que la lecture de votre histoire nationale fortifie ce noble dévouement au bien public que j'ai souvent admiré en vous ; souvenez-vous que désormais, fils de la France, vous devez tenir toujours bien haut son noble drapeau ; souvenez-vous que ses enfants, pour le rendre si noble et si grand, furent avant tout chrétiens fermes et vaillants, justes et vertueux. Si ses annales sont glorieuses entre toutes, c'est, ne l'oubliez pas, parce que la France a su mériter d'être appelée *fille aînée de l'Eglise, royaume très chrétien*, et dans les vers mêmes d'un grand poète anglais : *le soldat de Dieu.*

Suivez ces traditions antiques et vivifiantes de votre nouvelle patrie et votre nation vivra.

La Seyne-sur-Mer, 8 avril 1870.

PRÉCIS HISTORIQUE

de

L'EMPIRE D'ANNAM.

CHAPITRE PREMIER.

Situation de l'Annam. — Origine des peuples annamites. — Le Tonkin. — Domination chinoise. — Les Vua et Chua. — Huê. — Louis XIV. — Invasion chinoise. — Gia-Dinh. — Persécution en Cochinchine et au Tonkin. — Guerres entre les rois d'Annam et de Siam.

EMPIRE ANNAMITE. — L'empire d'Annam est un des États de l'Asie orientale, situé dans la presqu'île de l'Inde, au-delà du Gange dont il occupe la partie est. Il a reçu son nom de sa position par rapport à la Chine au sud de laquelle il s'étend. Annam veut dire repos du midi; en 1802, le roi Gia-Long changea, par décret royal, ce nom en celui de Vièt-Nam, splendeur du midi. Cependant l'usage a conservé le nom primitif, même dans le langage officiel.

PROVINCES ANNAMITES. — On comprend sous le

nom d'Annam le Tongkin et la Cochinchine, pays appelés par les habitants Dàng-Ngoài et Dàng-Trong, c'est-à-dire royaume du dehors et royaume du dedans. A ces deux provinces vinrent s'ajouter, par droit de conquête, le Laos, le Cambodje annamite et le Binh-Thuân ou Tsiampa; tel était, en 1858, le pays soumis au gouvernement de l'empereur Tu-Duc.

Origine des peuples d'Annam. — Le Tonkin, berceau de l'empire et de la civilisation annamites, fut primitivement peuplé par les Moï ou Kémoï, tribus aborigènes, dont l'etnographie est à peu près complètement inconnue; la Cochinchine (ainsi nommée d'un mot japonais qui signifie pays à l'ouest de la Chine) fut une colonie tardive, comme on le verra, de Tonkinois déjà mélangés de Chinois et de Mongols.

Quant aux races vaincues du Laos, du Cambodge et du Binthuam ou Tsiampa, elles paraissent descendre en première ligne des Si-Kiang, Yeu-Tchi et des Ousun, peuples également primitifs et sauvages. On trouve des traces de toutes ces populations si peu connues bien avant l'an 800 avant J.-C., sous les premiers Darius, rois des Perses, et même sous les Hia, princes de la première dynastie chinoise. La Chine, dès ces temps reculés, touchait au Meï-Kong. Ces nations barbares et insoumises se mélangeaient par l'action des guerres continuelles, changeant de noms suivant les caprices de la victoire; de 500 avant J.-C. jusqu'au XIIe siècle de notre ère, ces peuplades subirent le joug des Tçin, Xong et Khang, des Thou-Khiu, des Khiang, des Yuan ou Mongols (1). C'est pourquoi, tout en reconnaissant en elles les types indien, chinois, scythe, moï, xong et thi, on peut ajouter, sans crainte d'erreur, que ces nations sont un mélange de tous les peuples qui ont passé sur leur territoire aux époques d'invasion dont nous venons de parler. Aujourd'hui, le type chinois-mongol domine, soit à cause des nombreuses invasions, soit à cause de la longue domination des Chinois sur ces contrées. En effet, elles dépendirent toujours, quoique d'une manière plus ou moins directe, de l'empire du milieu, comme nous le verrons dans cette histoire. Les dialectes tonkinois, annamite, cambodgien et tsiampois empruntent à la langue de la Chine une grande quantité de mots, et nul doute qu'à cet égard le chinois ne soit la *langue-mère* de toutes celles de l'Asie orientale.

LE TONGKIN. — Suivant les traditions chinoises, le Tongkin est le berceau de la nation annamite, et longtemps on le nomma Gia-Chou, c'est-à-dire pays aquatique. Il fut primitivement peuplé, nous l'avons dit, par les Kê-Moi ou Moïs ; cette race, loin d'avoir disparu, s'est retirée sur les montagnes et semble supérieure, par la vigueur de sa constitution, aux races envahissantes de la plaine. Environ deux siècles avant Notre-Seigneur Jésus-Christ, le Tongkin fut civilisé par plusieurs colonies venues de la Chine.

DOMINATION CHINOISE (200 environ avant J.-C.). — Dès ce moment il se trouva soumis au Céleste-Empire du milieu. Les Tongkinois fiers et indépendants

(1) Ces derniers surtout envahirent la Chine, les pays limitrophes, la plus grande partie de l'Asie et même une portion considérable de l'Europe (1290).

supportèrent difficilement le joug d'une nation étrangère, et, durant des siècles, l'histoire du pays présente une suite de guerres avec la Chine, dans lesquelles, tour à tour vainqueur et vaincu, le Tongkin passe de l'état de royaume séparé à celui de province du Grand-Empire.

FAMILLE LÊ, LY ET TRAN (1-1400). — A l'époque de son indépendance, c'est-à-dire durant les dix premiers siècles, le trône du Tongkin fut occupé par la famille Lê-Dai-Hauh. Mais sous la main despotique du Fils du Ciel, le sceptre rendu tributaire et vassal passa aux mains des familles Ly et Trân, qui, quoique indigènes, songèrent uniquement à opprimer leurs compatriotes.

LÊ-LOI ET SA FAMILLE (1400-1790). — Au XVe siècle, des troubles survinrent; le roi, odieux à la nation fut massacré, une armée chinoise envahit le pays, et un nouveau vice-roi arriva de Pékin, choisi et nommé par l'empereur You-Lo de la famille des Ming. A peine en place, ce haut fonctionnaire mit toutes les affaires dans un tel état de désarroi, que l'exaltation des vaincus ne connut plus de bornes.

Nguyên-Tiên, l'ancêtre des rois actuels, se mit à la tête des mécontents ; on surprit l'impitoyable et avare représentant du Gouvernement impérial, on le mit à mort et l'on chassa l'armée chinoise. Après ces coups de vigueur, Nguyên-Tiên s'empressa de faire appeler au trône par le vote de la nation, en 1428, Lê-Loi, guerrier illustre, descendant du grand roi Lê-Dai-Hauh. L'élu du peuple prit possession de son trône, continua la guerre et marcha contre l'armée du Céleste-Empire; il fut victorieux, et l'empereur de la Chine reconnut l'indépendance de la monarchie tongkinoise (1430).

CHUA. — Les descendants de Lê-Loi gardèrent le sceptre jusqu'en 1790; d'abord ils régnèrent par eux-mêmes et avec gloire, mais trouvant cette charge trop lourde pour leurs forces efféminées, ils abandonnèrent toute autorité extérieure au Chua ou Seigneur, sorte de maire du palais.

NGUYÊN-TIÊN. — Nguyên-Tiên fut investi le premier de cette fonction ; il sut bientôt la rendre héréditaire dans sa famille, après avoir concentré entre ses mains tous les pouvoirs, et les princes tongkinois n'eurent qu'un simulacre d'autorité.

TOAI-CONG (1533). — En 1533, à la vue de querelles intestines nées de l'hérédité de la charge de Chua, à la vue des troubles entretenus par les grands, à qui pesait cette domination nouvelle, un des descendants de ce Nguyên-Tiên se fit déshériter par son père; puis attirant à lui les mandarins mécontents, les soldats réfractaires, le peuple pauvre et malheureux, Nguyên-Toai-Cong vint s'établir au milieu des montagnes Est où il fonda la ville de Huê-Phu.

COLONIÈS EN COCHINCHINE. — FONDATION DE HUÊ. (1538). — En apprenant cette révolte, le Chua-Tiên, père du rebelle, donna sa fille en mariage, avec le titre de Chua, à un mandarin nommé Trinh, le déclarant par le fait son successeur; bientôt, de son propre chef, Toai-Cong se fit reconnaître gouverneur et vice-roi de sa province, c'est-à-dire de Huê et des pays voisins dont il avait entrepris la conquête. Toutefois il ne voulut point rompre avec le Hoàng-Dê ou Vua du Tongkin ; en conséquence, il protesta de sa soumission au Vua, se regardant comme le tributaire des Lê.

CONQUÊTE DU CAMBODJE ET DU BINH-THUAN OU TSIAMPA (1658). — Toai-Cong-Tiêng-Nguyên, en habile général, entra subitement dans le Binh-Thuân et s'y établit en maître. Après un demi-siècle, la population tsiampoise, issue des Xong, peuplade primitive presque inconnue, comme on l'a vu, avait perdu sa nationalité et elle se trouva fondue dans celle des Annamites. A la suite des victoires dans le Binh-Thuân, le vice-roi s'avança jusqu'au centre du Cambodje. Mais ses successeurs seuls se rendirent maîtres de la province cambodjienne de Basse-Cochinchine ou Gia-Dinh.

SOUMISSION DU LAOS. — Quant à la soumission du Laos annamite, à peine pouvons-nous, au milieu du silence absolu des historiens, hasarder une simple conjecture ! Nous pensons toutefois que cette conquête doit être rapportée à l'époque des grands succès et attribuée, comme les autres, à la famille des Nguyên (1533-1658).

Tiêng-Nguyên toutefois avait forcé le roi du Cambodje, par plusieurs combats, à demander la paix, et l'un de ses fils et successeurs, Thai-Ton, ne lui rendit la liberté qu'à la condition de demeurer à jamais le vassal de son vainqueur (1600-1658).

LOUIS XIV ET LES MISSIONNAIRES (1626-1670). — Tandis que Tiêng-Nguyên étendait sa puissance et agrandissait son royaume, son père était mort et Trinh avait lui-même laissé la charge de Chua à son petit-fils Trinh-Tac ou Tây-Dinh-Vuong. Ce premier ministre du roi du Tongkin reçut, en 1670, une lettre du roi Louis XIV dit le Grand ; cette missive royale vint protéger l'Église catholique encore dans les langes au Tongkin. Les premiers missionnaires y étaient venus en 1626 ; la lettre du grand monarque n'eut point malheureusement tout le résultat attendu, car des hôtes beaucoup plus dangereux pour la paix du royaume vinrent concentrer sur eux toute l'attention des vice-rois cochinchinois.

Invasion chinoise (1680). — En 1680, la famille des Ming fut chassée du trône de Chine ; le général-gouverneur chinois de Canton, Diung-Ngan-Nghich, ne voulut pas reconnaître l'autorité de la nouvelle famille royale et Tartare des Tsing. Forcé cependant de prendre une détermination, il quitta Canton monté sur une jonque, ayant avec lui plus de 3,000 hommes et de 50 à 60 navires. Cette flotte se montra subitement devant Tourane ou Han-Son, à la grande stupéfaction du vice-roi Ngai-Vuong qui chercha toutefois à dissimuler ses frayeurs. Diung-Ngan-Nghich demanda audience et exposa sa situation en homme convaincu de sa supériorité : il désirait, disait-il, s'établir dans le pays et vivre en bon citoyen. Le Nguyên accepta la demande, et, montrant à l'émigré le pays de Gia-Dinh, non encore soumis: « Voici des terres, répondit le rusé annamite, allez et faites-y des établissements. » Muni de cette autorisation, le général chinois partit suivi de sa flottille ; sous peu et sans coup férir, la conquête fut achevée. Le vice-roi s'était ainsi délivré de cette invasion menaçante, mais non sans profit ; car il conserva l'autorité sur ces nouveaux colons principalement fixés à Bien-Hoa et à Mytho. Le roi du Cambodje n'avait point osé s'opposer à ces hardis aventuriers, il sentait l'armée annamite disposée à leur prêter main-forte. Cette conduite craintive et timide fut loin de garantir sa puissance; neuf ans plus tard, les peuples de la Cochinchine se trouvant trop à l'étroit, et voyant devant eux un pays facile à prendre, firent eux aussi une invasion en Gia-Dinh. Le roi du Cambodje voulut vainement cette fois arrêter le torrent; il fut battu, il s'enfuit de Saigon et se refugia à Hou-Dông. Alors les Annamites ne mirent plus de bornes à leur ambition; en 1715, Hâ-Tiên tombait en leur pouvoir; Vinh-Long en 1733, et Châu-Dôc en 1765. Saigon devint la résidence d'un nouveau vice-roi.

Colonisation de Gia-Dinh. — Après cette phase de combats et de conquêtes, le Gouvernement songea à coloniser complètement le pays; Tsiampois et Chinois furent traités en vaincus, une nombreuse population annamite accourut et s'empara des terres, des emplois et des honneurs; bientôt tout signe indigène eut disparu et cette province, quoique rapidement conquise, ne fut point une des moins fidèles aux rois légitimes.

Persécution au Tonkin. — Si la guerre avait un moment détourné l'attention, l'esprit du mal s'empressa, dès les premiers instants de calme, de jeter le mépris sur les missionnaires, la haine suivit le mépris et ne tarda pas à faire couler le sang des chrétiens. Un édit de persécution parut en 1712 sur les instances de la mère du roi Trinh-Cong; cette femme était fort attachée aux idoles, et plusieurs mandarins perdus de dettes et de vices surent habilement profiter de ces dispositions favorables à leurs passions et à leurs intérêts personnels.

En 1722, le roi pressa l'exécution de son édit et la persécution devint générale. Les églises furent abattues, les catéchistes maltraités, bâtonnés, emprisonnés, les fidèles torturés et dispersés. La plupart des missionnaires réussirent à se cacher, mais deux jésuites, les PP. Massari et Bucharelli, furent saisis. Le père Massari succomba de misère et mourut dans la prison, après avoir confessé deux fois, au milieu des plus grandes tortures, le nom de Jésus-Christ. Le père Bucharelli, d'une complexion plus forte, remporta la palme complète du martyre, et fut décapité avec neuf chrétiens indigènes.

Après vingt années d'expérience, durant lesquelles on fit mourir quatre nouveaux apôtres, le 12 janvier 1737, et nombre de fidèles, les persécutions durent s'arrêter, car de telles morts trahissent toujours l'espérance des ennemis de Dieu, le sang du martyr affermit le chrétien. Le roi qui avait ordonné cette dernière persécution, Trinh-Giong ou Uy-Vuong, mourut subitement frappé par la main de Dieu. Son successeur, Trinh-Dàng, rendit la paix à la *religion du Ciel*, mais il dut, pour faire exécuter ses ordres, sévir contre deux hauts mandarins qui avaient condamné à mort deux missionnaires espagnols.

Persécution en Cochinchine (1645-1774). — La persécution quoique terrible et longue dans les provinces du Tonkin avait cependant exercé, de préférence et de meilleure heure, ses ravages dans la Cochinchine proprement dite.

Dès l'année 1645, Thuong-Vuong, petit-fils de Taoi-Công, avait fait des martyrs, et Hiên-Vuong, le 22 décembre 1664, présida lui-même le tribunal pardevant lequel comparurent quatre soldats chrétiens; trois apostasièrent lâchement, mais le quatrième, Pierre Vâng, sut confesser noblement son Dieu, et le Chua le condamna à mort. Il fut exécuté dans la seconde ville de la Cochinchine, à Dinh-Cat; d'ailleurs, le 11 janvier 1665, Huê-Phu, la ville capitale, vit le supplice glorieux de onze chrétiens. Parmi ces âmes courageuses, signalons au lecteur une femme nommée Jeanne, et les deux enfants Étienne et Raphaël, qui excitèrent l'admiration des païens eux-mêmes. Pour effrayer ces martyrs, on lâcha devant eux un éléphant sur un autre chrétien qui fut en un instant mis en pièces; on fit alors entrer Jeanne dans l'arêne, « celle-ci forme le signe de la croix de la main droite, et de la gauche continue sans s'émouvoir à tenir l'éventail qu'elle agite, selon la coutume du pays, devant son visage où viennent se peindre, avec la pureté de son âme, l'espérance et la joie de son cœur. » Elle mourut sans pousser un cri. Le mandarin croyait que Raphaël et Étienne, effrayés, allaient abjurer leur foi; mais le courage des deux enfants ne faiblit pas : « Nous voulons voir notre Père qui est au Ciel », dit Raphaël en regardant la foule. Lorsque les éléphants écrasèrent ces deux jeunes héros, les païens ne purent garder le silence et réclamèrent contre la barbarie des juges. Mais ceux-ci ne se lassèrent pas, Ming-Vuong suivit les traces de ses prédécesseurs; seulement l'Europe commençait à menacer ceux qui répandaient le sang de ces enfants; Ming-Vuong, redoutant les Portugais et les Français, s'abstint de mettre à mort les missionnaires européens ; en revanche la prison, les amendes et les tortures ne leur étaient point épargnées. Son petit-fils, Vu-Vuong, laissa les chrétiens dans une paix relative ; trois missionnaires résidèrent même à sa cour comme médecins et mathématiciens royaux. Ce règne conduisit la mission de la Cochinchine jusqu'à la grande révolte des Tây-Son.

Guerre entre les rois d'Annam et de Siam (1765-1774). — Pendant que le sang des chrétiens arrosait et fertilisait l'Église annamite, bien des évènements s'étaient succédé. La colonisation de la province de Gia-Dinh était achevée, et le roi de Siam, sous prétexte de rendre au Cambodje, qui lui payait tribut, les pays enlevés par Tiêng-Nguyên et ses successeurs, avait déclaré la guerre et pénétré jusqu'à Châu-Dôc après s'être emparé de Ha-Tiên. Le roi d'Annam accourut, battit l'armée siamoise et recouvra la province conquise. Plusieurs années s'écoulèrent en efforts inutiles de la part du roi de Siam, pour rentrer en possession de ces différents territoires ; enfin, las d'une guerre de si longue durée, il signa la paix en 1774.

Mais, tandis que Huê-Vuong force le siamois à s'avouer vaincu, ses propres sujets se soulèvent et font éclater une révolte qui couvre de ruines le pays tout entier et le conduit à deux doigts de sa perte.

CHAPITRE II.

Révolte des trois frères Tây-Son. — Nguyên-Anh. — Mgr Pigneaux de Béhaine, évêque d'Adran. — Etat des chrétiens. — Les rats.

Ambition des Chua. — Le peuple méprisait de plus en plus les rois fainéants de la race Lê, mais il tremblait et murmurait devant l'ambition ascendante de la famille des Nguyên. Ces Chua-Vuong ou vice-rois, qui n'avaient pas osé prendre le titre de Vua, s'étaient laissés, eux aussi, dominer par des premiers ministres et avaient excité de très vifs mécontentements chez le peuple annamite, fort attaché à ses coutumes. Vu-Vuong avait désigné pour son successeur l'un de ses bâtards, le peuple ne voulut point admettre cet élu et choisit le fils aîné et légitime ; de ce conflit entre la cour et le peuple naquit la guerre.

Les trois frères Tay-Son (1774). — La crise éclata en 1774. Le pays fut bientôt couvert de bandes armées. Cette situation si favorable aux ambitieux fut habilement exploitée par les trois frères Tây-Son, ainsi appelés du nom des montagnes de l'ouest, dans lesquelles était située leur province. Riches, capables, vigoureux et peu enclins aux scrupules, ils crurent pouvoir arriver au trône. Quittant donc la province de Qui-Nhon, les Tây-Son se virent aussitôt entourés de nombreux partisans. Ils organisèrent leurs bandes, arborèrent le drapeau du roi légitime Huê-Vuong et s'avancèrent vers Huê. Le roi ne crut point à leur dévouement et refusa de se rendre dans leur camp. Mais il ne put leur échapper ; ce roi, ou mieux vice-roi de Huê, fut livré par ses soldats aux trois célèbres partisans.

Élection de Nhac Thai-Duc (1799). — La capitale leur ouvrit ses portes sans aucune résistance, en 1775. Le neveu du malheureux prince voulut vainement tenter la délivrance de son oncle ; il ne put, malgré tous ses efforts, empêcher que la tête de son roi ne tombât sous le fer du bourreau, en 1799, et il essuya lui-même, quoique gendre du chef des rebelles, le même sort. Après avoir ainsi conquis d'une manière sanglante le trône de la Cochinchine, Nhac, l'aîné des Tay-Son, se proclama roi et empereur sous le nom de Thai-Duc, et tandis qu'il travaillait à soumettre complètement les Cochinchinois, ses deux frères, Long-Nhu-Ong et Thang-Nhu-Ang le bonze, remontèrent vers le Tong-King. A leur approche, le successeur des Lê, Chiên-Tong, voulut essayer de leur résister.

Bataille devant ket-cho (1786). — Le 15 juin 1786, l'armée ennemie parut devant la ville royale de Kê-Cho ou Hà-Nôi (Grand-Marché), ou Thanh-Long-Thành (ville du Dragon jaune) ; l'armée tonkinoise s'avança avec jactance au-devant des deux frères qui venaient d'être renforcés par des secours que conduisait Thai-Duc en personne. En moins d'une heure de temps, l'ennemi détruisit toute la puissance tonkinoise, et, le 23 juillet suivant, la ville du Dragon jaune ouvrit ses portes aux hardis vainqueurs. Cette victoire faillit mettre aux prises Thai-Duc et Long-Nhu-Ong. L'occasion de cette rupture vint de ce que Nhac ou Thai-Duc s'était approprié toutes les dépouilles faites au Tongkin. Long-Nhu-Ong, indigné de cette conduite, bloqua la ville où s'était retranché son frère aîné. Dans cette extrémité, celui-ci eut recours à Thang-Nhu-Ang ; le bonze s'empressa de venir et réconcilia ses deux frères. Les deux chefs firent alors le partage de leurs conquêtes ; Nhac garda la Cochinchine et un certain droit de suzeraineté, Long-Nhu-Ong conserva le Tongkin, et le bonze se réserva le titre de pacificateur.

Long-Nhu-Ong (1788). — Dès 1788, le nouveau monarque du Tongkin ne fut guère tranquille, il fit trancher la tête à deux de ses généraux qu'il soupçonna vouloir se révolter. Vers la fin de l'année, Long-Nhu-Ong reçut la nouvelle que l'empereur de la Chine, qui avait accueilli à sa cour le roi fugitif, Chiên-Tong, avait envoyé des troupes pour rétablir ce roi légitime sur le trône. Alors le jeune tyran fit faire des levées en masse. Les perquisitions furent si rigoureuses, qu'on ne savait où se cacher pour éviter la milice. Ceux qui étaient chargés de réunir les recrues envoyaient des chiens pour découvrir les déserteurs retirés dans les forêts.

Combat contre les chinois (1789). — Au commencement de l'année 1789, le 30 janvier, le jeune Tây-Son battit les Chinois, déjà parvenus à la ville royale de Ket-Cho. Leur armée défaite subit une affreuse déroute ; un grand nombre de soldats furent massacrés, plusieurs mandarins se pendirent à des arbres, d'autres furent faits prisonniers, et le reste, c'est-à-dire 40 à 50 fuyards seulement, prit la route de la Chine avec le roi de Tongkin, à jamais détrôné.

Le vainqueur les poursuivit jusqu'à Canton, et, pour gagner à sa cause l'empereur chinois, il s'arrêta en cet endroit, lui renvoya les prisonniers de guerre, et lui fit ses excuses comme ayant été forcé de se battre contre les troupes du Grand-Empire, il eut même l'audace de prier Sa Majesté impériale de l'établir roi du Tongkin. Le Fils du Ciel peu soucieux des principes de la légitimité et ne voulant point risquer un nouveau combat, parut condescendre aux désirs du vainqueur, ainsi le jeune tyran fut nommé roi.

Pour dédommager en quelque sorte le prince exilé, l'empereur de Chine revêtit Chiên-Tong du mandarinat de troisième ordre et le retint près de lui à Péking, où il termina ses jours (1798).

Ainsi finit la dynastie des Lê, après avoir régné sans gloire personnelle sur le Tongkin et l'Annam près de quatre siècles.

NGUYÊN-ANH ET MGR PIGNEAUX. — Tandis que Long-Nhu-Ong voyait la couronne s'affermir sur sa tête, ses deux frères avaient à lutter contre Nguyên-Anh, frère cadet du dernier vice-roi. Il avait échappé comme par miracle au fer meurtrier qui avait frappé son oncle et son frère, et il était resté un mois caché dans le misérable réduit qui tenait lieu de palais épiscopal à l'illustre évêque d'Adran, Mgr Pigneaux de Béhaine. Cet évêque, né en 1741 à Olligny, dans le diocèse de Laon, en France, était alors vicaire apostolique de la Cochinchine. Il se lia d'une grande amitié avec le prince jeune et malheureux qui se refugiait près de lui, l'aidant de ses conseils, de sa vieille expérience, sans négliger son grand ministère des âmes. Nguyên-Anh, profitant de l'éloignement de Nhac, qui venait de prendre le titre d'empereur, sortit en 1778 de sa retraite et prit congé de son nouvel ami.

NGUYÊN-ANH PROCLAMÉ ROI (1778). — Réunissant quelques soldats, le prétendant se montra dans les provinces voisines du Cambodje. Bientôt il fut à la tête d'une petite armée, et la Basse-Cochinchine se souleva en sa faveur. En 1779 il prit le titre de Chua ou Vuong. Devenu souverain, Nguyên-Anh n'oublia point le dévouement de l'évêque proscrit par des édits impies, dictés en haine du nom chrétien. Le prince appela le prélat à sa cour, malheureusement il ne lui fut pas donné de jouir d'une longue tranquillité.

GUERRES ENTRE NGUYÊN-ANH ET LES TAY-SON (1782). — L'an 1782, le chef des rebelles Nhac-Thai-Duc pénétra de nouveau dans les provinces méridionales, et força le roi de se retirer devant lui. L'évêque d'Adran fut également obligé d'abandonner la Cochinchine et de se refugier au Cambodje. La guerre, accompagnée de la famine et de maladies, sema partout la désolation, elle dura plusieurs années pendant lesquelles le roi éprouva presque toujours des pertes, et l'évêque bien des maux.

ENTREVUES DE NGUYÊN-ANH AVEC L'ÉVÊQUE D'ADRAN (1784). — Au milieu de janvier 1784, deux ans après l'ouverture des hostilités, Nguyên-Anh devait se trouver sur les frontières du royaume de Siam, et Mgr d'Adran se tenait caché dans une île à l'ouest de la province cambodjienne de Công-Pông-Thom, lorsqu'on vint annoncer à Sa Grandeur que le roi de Cochinchine n'était qu'à une portée de canon. L'évêque se rendit aussitôt auprès de son royal ami; il le trouva dans le plus pitoyable état; il avait avec lui six ou sept cents soldats, un navire et une quinzaine de méchantes barques; il ne possédait même plus aucun moyen de pourvoir aux besoins du petit nombre d'hommes qui l'accompagnaient. Ils étaient réduits à se nourrir de racines. L'évêque d'Adran donna au prince la plus grande partie de ses provisions et s'efforça de relever son courage. Vers la fin de cette même année, il vit une seconde fois Nguyên-Anh encore plus découragé, errant, fugitif et manquant de tout.

L'ÉVÊQUE D'ADRAN NOMMÉ GOUVERNEUR DU JEUNE PRINCE CANH. — Ce fut dans cette visite que le prince confia au prélat son fils âgé de six ans. Un roi idolâtre ne pouvait sans doute donner à un missionnaire une marque plus éclatante d'estime et de confiance. L'évêque d'Adran en était certes digne par ses belles qualités. Dès ce moment, il garda cet enfant comme un dépôt que la Providence lui confiait. Il l'éleva dans la religion chrétienne, mais non sans avoir obtenu préalablement le consentement de Nguyên-Anh.

MAUVAISE FORTUNE DE NGUYÊN-ANH. — Ce prince, plus malheureux que jamais, avait conclu une alliance avec le roi de Siam, et celui-ci, sous prétexte de le rétablir dans ses états, n'avait cherché qu'à se servir de son nom pour piller ses sujets. Bientôt

Nguyên-Anh apprit que sa vie même était en danger à la cour siamoise ; et c'était en fuyant cet allié de mauvaise foi qu'il avait rencontré pour la seconde fois l'évêque d'Adran. Dans le désespoir où toutes ses infortunes l'avaient réduit, il se proposait de se rendre à Batavia ou à Goa pour y trouver un refuge, à défaut des secours que la Hollande et la reine de Portugal lui avaient offerts. Déjà, en 1779, les Anglais avaient mis à la disposition de ce prince deux vaisseaux armés en guerre pour l'aider à remonter sur son trône, ou à se réfugier au Bengale, dans le cas où ce secours eût été insuffisant.

Le roi demande aide et protection a la France. — L'évêque d'Adran fit prendre au monarque annamite une autre résolution. Mgr Pigneaux résolut de passer en France avec son royal pupille et de le présenter à la cour de Versailles en sollicitant des secours pour le père de cet enfant. Il lui semblait que non-seulement la France tiendrait à honneur d'assister un prince détrôné par des sujets rebelles, mais encore que cette noble intervention lui serait utile sous le rapport politique et sous le rapport religieux.

Au lieu d'instructions écrites qui auraient pu être mal interprétées, et comme sûreté de sa parole, le roi Nguyên-Anh remit au prélat ambassadeur le sceau même de l'Etat, marque de la dignité royale, afin que, dans tous les cas, la cour de France fût assurée des pouvoirs illimités de l'évêque ; de plus, le roi y joignit une délibération de son Conseil, qui expliquait ses intentions.

Arrivé à Pondichéry au mois d'août 1786, avec l'héritier présomptif de la couronne et sa suite,

Mgr de Béhaine écrivit plusieurs fois au ministre de France sans recevoir de réponse. Malgré ce contretemps, l'ambassade fit voile pour la France ; elle arriva au port de Lorient au commencement de février 1787, et de là se rendit immédiatement à Paris.

AMBASSADE ANNAMITE A PARIS (1787). — La Révolution française, qui grondait menaçante et terrible, absorbait alors l'attention publique, aussi le ministère parut embarrassé à la nouvelle de l'arrivée à Paris d'une ambassade annamite. Cependant, les politiques éclairés entrevirent promptement les avantages qui résulteraient, pour la France, d'une alliance et surtout d'un établissement en Cochinchine ; l'immense autorité des Anglais dans l'Inde faisait un devoir au Gouvernement français de coloniser au plus vite sur ces lointains rivages. Les renseignements que l'évêque ambassadeur fournit aux ministres du roi, les preuves qu'il leur donna de l'opinion favorable des négociants et armateurs de nos possessions indo-chinoises en faveur du projet conçu, firent disparaître peu à peu les inquiétudes et les préventions.

TRAITÉ D'ALLIANCE. — Heureux de voir le ministère revenu de son erreur, Mgr Pigneaux insista plus vivement sur la conclusion d'un traité. Ses efforts furent couronnés par le succès, et une alliance offensive et défensive fut arrêtée : d'une part, la France promettait une escadre de 20 bâtiments de diverses grandeurs, 5 régiments européens et 2 de troupes coloniales avec l'artillerie et les munitions qui conviendraient à un pareil corps expéditionnaire. D'autre part, le roi d'Annam cédait à perpétuité le port et le territoire d'Han-San (Tourane), les îles de Fai-Fo et d'Hai-Wen ; de plus, le roi d'Annam permettait un établissement pour la construction des vaisseaux français, et donnait le libre accès à notre commerce dans toute l'étendue de son empire.

Le traité fut signé par Mgr de Béhaine, comme ambassadeur du roi annamite Nguyên-Anh, et par M. de Montmorin, ministre de Louis XVI. Le jour même de cette signature, 28 novembre 1787, Mgr Pigneaux de Béhaine fut admis à l'audience du roi en son palais de Versailles ; Louis XVI fit l'accueil le plus gracieux au prélat-missionnaire, le félicita sur l'heureux succès de son ambassade, et, charmé de l'esprit et des talents remarquables de Mgr Pigneaux, le nomma son ministre plénipotentiaire près de la cour de Huê. Louis XVI chargea le prélat d'offrir en signe d'amitié son portrait royal à Sa Majesté annamite.

Retour de Mgr d'Adran (1788). — Au mois de mai 1788, Mgr Pigneaux était de retour à Pondichéry, apportant à M. de Conway, gouverneur général des possessions françaises dans l'Inde, avec les ordres de la cour pour le corps expéditionnaire, le grand cordon rouge, que Sa Grandeur avait sollicité pour ce haut personnage. Malheureusement, cet officier supérieur tout en acceptant l'honorable et délicate attention du prélat, était imbu des idées voltairiennes, et il mit tout en œuvre pour entraver et même faire échouer l'expédition trop religieuse suivant lui. Mgr d'Adran, voyant le gouverneur impassible, malgré des nouvelles favorables à

Nguyên-Anh, ne se laissa point abattre et s'adressa aux colons français de Pondichéry. Ceux-ci entrèrent dans les vues admirables pour le pays et pour la foi de l'illustre évêque d'Adran, lui frêtèrent deux navires chargés de munitions, sur lesquels l'évêque prit passage avec 7 missionnaires et plusieurs officiers de marine, d'artillerie et de ligne. Parmi ces hommes distingués qui presque tous consumèrent sur ces plages leurs forces sous le soleil brûlant de Cochinchine, fiers d'augmenter ainsi le prestige du nom de la France, on nous permettra de conserver ici les noms de MM. Chaigneau, Vannier, Ollivier, Dayot, qui méritèrent même les honneurs du mandarinat, de la part d'un Gouvernement si prévenu contre tout européen.

Le secours de Mgr d'Adran, faible si l'on considère le petit nombre d'hommes qui le composait, devint redoutable par le talent et la valeur, et porta la victoire dans les rangs des soldats de Nguyên-Anh. Ce prince, après deux ans de séjour à Bang-Kok, avait trouvé moyen, en 1786, de réunir quelques troupes, et il se maintenait, quoique à grand'peine, dans les provinces voisines du Cambodje, c'est-à-dire au pays de Gia-Dinh. Mgr d'Adran aborda en Cochinchine après une traversée favorable, en 1789, et après une absence de trois ans. Nguyên-Anh accueillit son ami, comme il se plaisait à l'appeler, avec une grande joie; la vue de son fils, le prince Canh, fit couler des larmes dans la tente royale. Après les premiers instants consacrés au plaisir d'un retour impatiemment attendu, Nguyên-Anh remercia l'évêque des soins dont il avait entouré le prince héritier, lui annonça que dès cet instant il allait l'initier aux affaires du Gouvernement, et, comme témoignage de gratitude envers le prélat, il l'appela au poste de premier ministre. Mgr Pigneaux s'empressa de supplier Sa Majesté de le dispenser de ces honneurs afin de ne point indisposer les mandarins. Le roi accepta les raisons de Mgr Pigneaux, mais l'influence du prélat fut toujours grande, et Nguyên-Anh avait grand soin de faire prendre l'avis de son *ami* dans les cas difficiles.

Bataille et prise de Huê (1801). — Malgré l'arrivée des officiers français, les rebelles Tayson refoulèrent d'abord les troupes de Nguyên-Anh, mais bientôt l'armée du roi, organisée et soumise à la tactique française, reprit l'offensive, et, chassant devant elle les bandes indisciplinées de Nhac, vint camper non loin de la capitale de cet empereur.

Nhac, à la vue du drapeau national de Nguyên-Anh, soutenu par des régiments dont l'aspect l'étonnait par la régularité dans la marche et les diverses évolutions, comprit que l'issue de la prochaine bataille allait décider du sort de l'empire; aussitôt il fait appel à tous ses partisans, et en peu de jours l'usurpateur se voit à la tête de plus de 50,000 hommes; mais, si Nhac-Thai-Duc pouvait compter sur le nombre, Nguyên-Anh avait pour lui la discipline, l'entente et l'unité; aussi le combat ne fut point long, la victoire couronna les efforts du roi légitime; les Tayson, après un choc violent, rencontrant une résistance à laquelle ils ne pensaient point, furent pris d'une panique subite; Nhac, suivi de ses fidèles, se multipliait vainement, frappant et semant la mort, il dut suivre les fuyards, laissant Huê ouvrir ses portes au vainqueur. Dès lors, la rébellion née dans le sang répandu vint mourir dans le sang des célèbres rebelles; l'astre des Tayson disparut sous un voile sanglant suivant la politique barbare des despotes asiatiques.

Fin des Tayson. — Déjà Long-Nhu-Ong, roi du Tonkin, était mort (1792) laissant le sceptre aux mains d'un jeune prince ambitieux ; Nhac Thai-Duc, battu par Nguyên-Anh sous les murs de Huê-Phu, abdiqua devant une conspiration de son neveu Can-Thing et alla peu après mourir de douleur à Quinhon ; enfin, le troisième des Nhac-Tayson, Thang-Nhu-Ang, le bonze, impliqué dans un complot contre l'ambitieux Can-Thing, subit la peine de sa rébellion sous le fer d'un vil assassin, soudoyé pour ce crime.

Nguyên-Anh prend le titre de Gia-Long. — Tant que Nguyên-Anh avait eu à combattre les 3 frères, chefs intrépides et farouches, ce prince s'était modestement contenté du titre de Chua, mais la fortune arriva et l'orgueil apparut aussitôt. Après la prise de Huê, en mai 1801, il poursuivit ses conquêtes ; successivement, les principales villes du Tonkin lui ouvrirent leurs portes, et Kecho, la capitale elle-même, ne résista point au vainqueur. Le roi Can-Thing fut décapité, et le bourreau abattit peu après les têtes des fils, neveux et cousins de Thai-Duc et de Long-Nhu-Ong, pris les armes à la main. Ainsi se termina la grande révolte des Tayson. Dans ces circonstances, Nguyên-Anh jugea bon de proclamer sa puissance; en conséquence il se déclara solennellement souverain unique et indépendant de Viêt-Nam, roi et empereur du Tonkin, de la Cochinchine, du Laos et du Tsiampa, enfin il prit le nom de Gia-Long. Pour ne pas mécontenter le Fils du Ciel, il envoya demander l'investiture à Péking; l'empereur la lui donna en 1804, cette suzeraineté fut purement nominale, la cour du Céleste-Empire le comprit, mais ne réclama point; la vanité était sauve, cela suffisait.

Mort et funérailles de Mgr Pigneaux de Béhaine, évêque d'Adran (1799). — Mgr Pigneaux de Béhaine, évêque d'Adran, ne vit ni ses exécutions sanguinaires, ni le triomphe complet de son royal ami. L'illustre prélat-missionnaire avait passé ses jours en faisant aimer son Dieu et sa patrie, et le Seigneur trouva que la vie de son serviteur était pleine, c'est pourquoi il songea à l'appeler au repos; il lui envoya une maladie cruelle (la dyssenterie) qui acheva de purifier sa belle âme, et, après 3 jours de souffrances corporelles, il expira doucement et parut devant son bon maître, le 9 octobre 1799, âgé de 58 ans, dont 34 s'étaient écoulés au milieu des fatigues d'un pénible apostolat.

Les funérailles de l'évêque furent d'une magnificence vraiment royale; le fils du roi, le prince Canh, dirigeait le convoi, grand nombre de chrétiens prenaient place après lui. Toute la garde royale, forte de 12,000 hommes, était sous les armes formant une haie d'honneur, cent vingt éléphants richement caparaçonnés marchaient à côté du cercueil de l'évêque enveloppé d'un damas superbe et placé sur un riche et grandiose monument surmonté de

50 cierges. Il était porté par quatre-vingts mandarins. Le roi lui-même avait pris place à la suite du cercueil ; il était accompagné, chose étrange pour le pays, de sa mère, sa sœur, la reine et ses enfants, avec tout le personnel de la cour.

Le lieu de la sépulture était un petit jardin, choisi et cultivé par Mgr d'Adran ; il était situé à cinq quarts de lieue de Saigon. Le cortége funèbre partit à 2 heures du matin et n'arriva au jardin que vers les 9 heures. Là, les cérémonies de l'Église furent faites avec la plus grande pompe possible par un des missionnaires, M. l'abbé Liot, sous les yeux des païens stupéfaits.

Peu content de ces honneurs extraordinaires, Gia-Long adressa à la famille de l'illustre prélat une lettre de condoléance ; de plus, il fit élever sur son tombeau un monument. M. Barthélemy, artiste français, fut chargé de ce travail ; enfin, par un décret, une garde de cinquante hommes devait veiller à perpétuité près du tombeau de cet *ami*.

En août 1861, le Gouvernement français, par une juste appréciation des mérites de Mgr de Béhaine, a déclaré ce monument propriété de l'Etat.

Le prince Canh (1801). — L'élève de Mgr d'Adran, le prince Canh, mourut deux ans après son bien-aimé maître. Gia-Long venait de le nommer lieutenant-général du royaume, lorsque la mort vint réclamer sa proie. Peu fidèle jusque-là aux leçons et aux exemples du saint évêque, ce prince avait des mœurs corrompues et vivait en païen ; aux approches du tombeau, la foi se réveilla en son cœur, il demanda et obtint le baptême et mourut en fervent chrétien.

La religion sous Gia-Long. — Durant l'adversité, Nguyên-Anh conserva une stricte neutralité en matière de religion ; ami et admirateur de Mgr Pigneaux de Béhaine, il lui avait même confié son fils, mais la mort de l'évêque, puis celle de son élève, enlevèrent deux grands soutiens à la mission. Gia-Long perdit bientôt le souvenir des services rendus par la religion nouvelle. Malgré les engagements les plus solennels, l'empereur du Viêt-Nam répondit aux suppliques des chrétiens tracassés dans leurs biens, par des railleries et des édits menaçants. Cependant, durant son règne de 20 ans, les missionnaires profitèrent d'une tolérance tacite pour porter la foi dans toutes les provinces du royaume.

Religion chrétienne sous les Tayson (1798). — Si la mission annamite sous Gia-Long n'eut point de martyrs, sous Long-Nhu-Ong et son fils il n'en fut point ainsi dans le vicariat du Tonkin, qui ne jouit aucunement de la paix. Les Tayson n'avaient montré d'abord aucune hostilité directe contre le Christianisme, bientôt la situation changea de face, et, en 1798, une persécution ouverte éclata. Le premier martyr fut un prêtre indigène, Emmanuel Trieu, il recut le coup de la mort avec un calme, une piété et une joie qui édifièrent tous les assistants.

Gouverneur de Bo-Chinh. — Entre tous les persécuteurs, on cite le gouverneur de Bo-Chinh. Il se distingua par des raffinements de cruauté, laissant à d'autres les coups de rotin, la cangue, et les bagatelles de ce genre ; il employait l'huile bouillante, des pointes rougies au brasier ardent ; pour lui la victime devait perdre toute apparence humaine et n'être plus qu'un amas sanglant de chairs calcinées et déchiquetées par les instruments horribles du bourreau.

Cette longue et terrible persécution fit nombre de victimes ; si l'on compte quelques apostasies, l'héroïsme du très grand nombre de chrétiens efface cette honte aux yeux de tout juge impartial. Un seul européen succomba durant ces jours de désolation, c'était un missionnaire de la catholique Espagne et de l'Ordre de Saint-Dominique.

Les rats (1785). — Nhac, cependant, se souvint qu'il était fils d'un chrétien apostat. Il avait rendu un décret contre la religion, mais il le rapporta presque aussitôt ; les vérités que son père lui avait sans doute apprises lui firent redouter un Dieu vengeur; je laisse d'ailleurs la parole à un témoin oculaire :

« A peine l'édit fut-il publié, dit M. Darcet, que les villes et les campagnes furent inondées de rats; la terre en paraissait toute couverte, les grains dans les maisons, les plantes, les arbres dans les campagnes, les racines même furent dévorés. Dans la maison où je suis, on en prit dans une seule nuit cent soixante-deux : ce qu'il y a de plus surprenant, c'est qu'ils poussaient un cri lamentable. Je ne pouvais me persuader, par l'effroi qu'il me causait, que ce cri vînt d'eux ; j'en fus convaincu en les voyant et en les entendant. Le tyran effrayé lui-même fit cesser la persécution (1785). »

C'est ainsi qu'en tout temps et quand il lui plait, le Seigneur sait appesantir son bras sur les persécuteurs de son peuple.

CHAPITRE III.

Les Français Chaigneau et Vannier. — Louis XVIII et Già-Long. — Minh-Menh. — Edit de 1830. — Thiêu-Tri. — Guet-apens de Tourane. — Tu-Duc. — Martyre de trois missionnaires. — M. de Montigny. — Mgr Diaz.

Dernières années de Gia-Long et les mandarins Chaigneau et Vannier. — Le double lien qui unissait le culte catholique au pouvoir annamite, et qui le recommandait à la bienveillance du roi d'Annam, s'était donc brisé par la mort de Mgr d'Adran et de son élève royal, le prince Canh ; l'influence française suivit de près les destinées de la religion, cependant Gia-Long ne voulut point rompre brusquement et se priver des officiers français qui se trouvaient encore à la cour ; il jugea même à propos de les élever au grade de mandarin supérieur ; MM. Chaigneau et Vannier reçurent en effet ces honneurs en 1804. A la nouvelle de ces nominations, l'Angleterre inquiète demanda, par la voix du gouverneur des Indes, l'expulsion de ces officiers pleins de talent et de courage. Gia-Long répondit par un refus formel et resta maître chez lui. MM. Vannier et Chaigneau furent alors chargés de mettre plusieurs villes à l'abri d'un coup de main, et s'occupèrent de fortifier Huê, Tourane, Saigon, etc. ; ils firent ensuite élever différentes citadelles, et ils mirent les armées de terre et de mer sur un pied si respectable, que l'empereur Gia-Long se trouva à la tête de l'un des premiers Etats de l'Extrême-Asie comme force militaire.

Situation de la France, de 1790 a 1816. — Pendant que les guerres de succession ensanglantaient l'empire annamite, la France traversait l'époque si glorieuse au dehors, si funeste et si malheureuse au dedans, de la Révolution de 93. Aucun des éphémères Gouvernements, qui se succédèrent alors à Paris, ne put songer à continuer la politique de Louis XVI et de Monseigneur d'Adran. Quand la sacrilége audace de la Convention, qui ne craignit point d'envoyer à l'échafaud le roi lui-même, eut attiré sur eux la colère et les armes de l'Europe coalisée, les Français durent avant tout sauver d'un démembrement leur pays menacé par l'invasion ennemie. Leurs triomphes sous la République, et plus tard sous l'Empire de Napoléon-le-Grand, leurs victoires et leurs conquêtes sur le continent coïncidèrent avee les désastres de leur marine et la ruine complète de leurs colonies. Les entreprises lointaines et les projets de colonisation et de commerce dans l'Inde ou l'Extrême-Orient ne furent possibles et ne renaquirent chez eux qu'au jour où leur grand capitaine Napoléon Ier, vaincu et traité en captif par l'Angleterre dont il était l'hôte, fut relégué par un odieux attentat sur le rocher de Sainte-Hélène qui devait être sa tombe (5 mai 1821).

La france se souvient du traité de 1787 (1818). — Peu après son retour sur le trône des Bourbons, Louis XVIII envoya une frégate, sous les ordres du comte de Kergariou, renouer les relations de la cour de France avec l'empereur Gia-Long. La frégate entra dans les eaux de Tourane le 29 décembre 1818. Instruit de cette arrivée, Gia-Long envoya de Huê les mandarins Chaigneau et Vannier, qui présentèrent au commandant les souhaits de bonne venue et l'invitèrent à les suivre jusqu'à Huê. L'empereur reçut en audience M. de Kergariou, mais au premier mot de traité, conclu en 1787, le front de de Gia-Long se rembrunit et le prince ne donna qu'une réponse évasive. La frégate avait à peine quitté Tourane, que l'empereur laissa un libre cours à sa colère. Il ne parlait de rien moins que de déclarer la guerre à la France.

Voyage a paris de M. Chaigneau et mort de Gia-Long (1820). — Sur ces entrefaites, M. Chaigneau, désireux de revoir les siens, vint prendre congé de Sa Majesté annamite qui gracieusement lui avait permis ce voyage. Gia-Long lui fit part de ses impressions et lui donna une mission près de Louis XVIII. On était alors au commencement de l'année 1820, M. Chaigneau partit et peu après le vieil empereur mourut, laissant un nom cher au peuple d'Annam. Pourquoi, dans sa prospérité, ne conserva-t-il pas la même justesse de coup-d'œil, le même discernement du vrai, qui lui avaient permis de sortir de ses malheurs en s'entourant de vrais amis; il n'eut point choisi pour son successeur le fils d'une concubine, Chi-Dam, au détriment d'Ung-Hoa, héritier et fils aîné du prince Canh.

Pendant ce changement de règne, le mandarin Chaigneau arriva à Paris, fut admis à l'audience du roi, qui lui conféra le titre de consul et le chargea d'offrir divers présents à son souverain. Le Gouvernement français parut en cette occasion très conciliant, espérant, sans aucun doute, obtenir par ce moyen ce qu'il pouvait réclamer par la force armée. Après un séjour de quelques mois, M. Chaigneau reprit la mer et arriva à Huê-Phu en octobre 1821. Là il apprend l'élévation de Chi-Dam, qui avait pris le nom royal de Minh-Menh ou Minh-Mang. Aussitôt il demande audience au nouveau souverain et lui annonce qu'il est porteur d'une lettre accompagnée de riches présents. Minh-Menh, prince astucieux et méchant, crut devoir ménager un prince puissant et reçut le lendemain, au milieu d'une grande pompe, au bruit du canon, la lettre de Louis XVIII et les présents qui consistaient en glaces, fusils, épées et longues-vues.

Caractère de Minh-Menh. — Malgré ces dehors et ces démonstrations d'amitié, Minh-Menh n'aimait point les Européens et il détestait les chrétiens et les missionnaires. Lorsqu'il se sentit affermi sur son trône par l'investiture que lui donna l'empereur de Chine à Kecho, en février 1822, et après la disparition du choléra-morbus, fléau qui ravagea tout le royaume, alors seulement Minh-Mang se révéla tel qu'il était, c'est-à-dire prince païen, barbare, cruel, persécuteur, vrai tyran.

MM. Chaigneau et Vannier se retirent en France (1825). — Le premier acte de Minh-Menh, à son retour de Kecho, fut un acte d'ingratitude : il écarta systématiquement des emplois et des charges les deux mandarins Chaigneau et Vannier. Son père,

Gia-Long, les avait comblés d'honneur et faisait grand cas de leurs avis, Minh-Menh les plaça en non-activité, presqu'en captivité. Se sentant suspects, ces deux officiers ne voulurent point aggraver la situation qui leur était faite par un plus long séjour, et ils demandèrent au roi un congé définitif qui leur permît de quitter le royaume, eux et toute leur famille. Minh-Mang hésita quelque temps, puis leur signifia qu'ils étaient libres. Ce fut dans l'année 1825, après un service de plus de quarante années, qu'ils dirent un dernier adieu à l'empire d'Annam. Leurs mains vaillantes et habiles avaient tiré ce royaume de l'abîme, leur départ fut le signal d'un sommeil profond qui envahit presqu'aussitôt toutes les branches de l'administration.

La thétis. — Le départ des deux mandarins français fit comprendre aux chrétiens que l'heure du sang et de la tyrannie allait suivre de près celle de l'ingratitude. En effet, cette même année 1825, une frégate française, la *Thétis*, entra dans le port de Tourane, et l'empereur averti que le commandant de Bougainville était chargé de lui remettre une missive royale, refusa de recevoir et la lettre et le capitaine. M. Régéreau, missionnaire, venu sur cette frégate, réussit, malgré les espions et les satellites, à mettre le pied sur la terre d'Annam; mais il ne débarqua pas assez secrètement, Minh-Mang eut bientôt connaissance de ce fait. Dès lors la guerre était ouverte.

Premier édit et Thuong-Cong (1826). — Un premier édit parut en 1826. Le roi y traitait la religion chrétienne de secte perverse, propre à corrompre le cœur de ses fidèles sujets, c'était un culte pervers et imbécile, etc. ; un décret fit suite à cette proclamation, il proscrivait absolument la religion et condamnait au dernier supplice tout européen arrêté sur le territoire annamite, ainsi que les indigènes assez audacieux pour persévérer dans le Christianisme. Mais, pour cette fois, Minh-Menh ne put assouvir sa vengeance, il avait compté sans le premier mandarin militaire, Thuong-Cong. Ce personnage, vice-roi de la Basse-Cochinchine, avait été grand ami de Mgr d'Adran ; à la lecture des écrits royaux, il partit pour la capitale, et le roi n'osa, devant cette opposition, passer outre. Il rappela son édit, et trois prêtres européens, MM. Tabert, Gagelin et Odérico, qui déjà se trouvaient sous la griffe du tigre royal, purent pour lors recouvrer la liberté (1827).

Deuxième édit (1831). — Thuong-Cong étant mort, Minh-Menh fit un nouvel édit, refusa de recevoir l'amiral Laplace et évoqua à son tribunal l'affaire de trois néophytes. Sans les entendre dans leurs explications, il les condamna, en qualité de chrétiens, à recevoir cent coups de rotin, à porter la cangue durant un mois, exposés au soleil tête nue, et ensuite à être exilés (1831).

Persécution. — Dès lors, le tyran ne s'arrêta plus, le sang l'enivrait, il le répandit à flots. Les missionnaires et les simples fidèles ne faillirent point à leur tâche ; les Français furent les moins épargnés. Minh-Menh prenait plaisir à les torturer, tout particulièrement en haine de la France. En 1833, M. Gagelin subit la strangulation ; en 1835, M. Marchand se vit enfermé dans une cage, puis tenaillé avec des fers ardents et dépecé tout vif; en 1837, M. Cornay, après de longs mois de prison, fut décapité.

Année 1838. — Mais l'année la plus féconde pour le Ciel fut celle de 1838. Durant son cours, 33 illustres confesseurs obtinrent la palme d'un glorieux martyre. A la tête de cette glorieuse phalange se trouvèrent 3 vicaires apostoliques, NN. SS. Hénarez et Delgado, évêques espagnols du Tonkin, qui furent décapités, Mgr Borie, évêque français ; il avait été condamné à être décapité, mais le bourreau, tremblant d'avoir à repandre le sang innocent, s'était enivré pour avoir plus de courage, et son bras peu sûr frappa sept fois avant d'abattre sa victime qui ne poussa pas un seul cri. A la suite de ces évêques vinrent, pour ne nommer que les Européens, MM. Jaccard et Fernandez, qui périrent sous le fer.

Ambassade a Louis-Philippe (1839). — Après toutes ces exécutions, le féroce Minh-Menh voulut savoir ce que nous pensions de sa politique et de ses attentats ; c'est pourquoi, en 1839, tout en faisant expirer de faim et de misère, après de grandes tortures, un jeune missionnaire français, M. de la Motte, il envoya en ambassade près la cour de France trois mandarins d'un ordre inférieur. Louis-Philippe, qui avait succédé à Charles X, ne voulut point les recevoir. Ce refus inquiéta peu nos mandarins, ils regardèrent, sondèrent l'esprit gouvernemental, s'informèrent près de gens peu soucieux de notre honneur et partirent bien convaincus que la France ne ferait rien.

Mort de Minh-Menh. Avènement de Thiêu-Tri (1841). — En arrivant à Huê, les trois mandarins ambassadeurs ne retrouvèrent plus sur le trône d'Annam Minh-Menh; il était mort le 20 janvier 1841, à l'âge de 50 ans environ, épuisé par de continuels excès. Thiêu-Tri, son fils, lui avait succédé, et les renseignements que les mandarins lui fournirent ne restèrent point à l'état de lettres mortes.

Quoique Thiêu-Tri eut tous les vices de son père, sans posséder son esprit cultivé, ni aucune de ses qualités, l'avènement du nouveau monarque fut fêté par tous ses sujets. Un tyran était mort, on se réjouissait.

L'héroïne (1843). — Les chrétiens eux-mêmes avaient un instant espéré une ère nouvelle, mais peu après ils comprirent que le nom seul du persécuteur était changé ; le 15 avril 1841, on arrêtait MM. Galy et Berneux, et M. Charrier venait les rejoindre le 5 octobre suivant. Aucune injure, aucune torture ne furent épargnées à ces généreux confesseurs de la foi. En 1842, Thiêu-Tri mit à profit les notes de son ambassade, et renouvela l'ordre d'exterminer et d'anéantir le Christianisme ; cet édit excita le zèle des mandarins et des satellites païens; MM. Miche (1) et Duclos tombèrent entre leurs mains, ils furent dirigés sur Huê et partagèrent l'étroite prison et la maigre ration de leurs trois compatriotes.

Déjà la sentence de mort était portée contre les

---

(1) Ce glorieux confesseur de la foi est aujourd'hui évêque de notre colonie de la Basse-Cochinchine.

cinq missionnaires, lorsque le pavillon français flotta devant Tourane ; c'était la corvette l'*Héroïne*. Nos braves marins avaient appris l'ordre sanguinaire du roi annamite, ils venaient d'eux-mêmes réclamer la mise en liberté de leurs concitoyens (1843). Il ne fallut rien moins cependant que l'intelligente énergie de son brave commandant, M. Lévêque, pour forcer Thiêu-Tri à lâcher sa proie. Les cinq missionnaires virent la cangue tomber à leurs pieds, ils eussent souhaité de rester dans ce pays chéri de leur cœur, mais leur désir ne pouvait s'accomplir et ils durent s'éloigner pour un temps de leurs missions annamites.

Mgr Lefêvre (1845). — Dès lors, les intentions de Thiêu-Tri étaient connues ; moins hardi que son père, il n'osait plus frapper, il craignait la vue de notre pavillon ; c'est ainsi qu'en 1845, le contre-amiral Cécille réclama avec menace la liberté de Mgr Lefêvre, qui languissait depuis onze mois dans la prison principale de Huê-Phu. Thiêu-Tri céda à la peur, cette fois encore. Mais l'évêque avait hâte de venir fortifier par la parole ses ouailles effrayées, il quitta Syngapour avec M. Duclos, et tous deux en débarquant tombèrent, hélas ! aux mains des satellites. On les conduisit à Gia-Dinh, chef-lieu de la Basse-Cochinchine ; M. Duclos, déjà souffrant, expira dans la prison. Mgr Lefêvre fut transporté à Huê. Là, il comparut devant ses anciens juges, stupéfaits, disaient-ils, d'une pareille audace. L'évêque fut de nouveau condamné, mais instruit par l'expérience du passé, Thiêu-Tri, toujours tremblant, renonça à l'exécution de sa sentence et fit conduire le noble confesseur à Syngapour, déclarant que le sang d'un pareil criminel souillerait le fer annamite.

Le gouverneur anglais de Syngapour offrit à l'évêque-missionnaire de faire des démonstrations menaçantes en faveur des chrétiens, et il mit un navire à la disposition de Mgr Lefêvre. Mais l'exemple de Mgr d'Adran était là, et son successeur, comme lui, se confia en son pays, il refusa avec politesse l'assistance d'une nation étrangère.

GUET-APENS DE TOURANE (1847). — L'espérance du prélat persécuté ne fut point trompée. Une expédition française eut lieu comme on l'avait promis. Le 18 mars 1847, M. Rigault de Genouilly, commandant de la *Victorieuse*, entra au port de Tourane. Il venait demander, entre autre chose, le libre exercice de la religion chrétienne. Comme Thiêu-Tri, suivant son habitude, faisait la sourde oreille, M. Lapierre le rejoignit avec la frégate la *Gloire*.

Thiêu-Tri se sentit alors un peu faible et changea de tactique.

Le 1er avril 1847 arriva à Tourane un mandarin de la cour, il avait mission de recevoir la lettre que le commandant Lapierre envoyait à Thiêu-Tri ; il assigna un jour pour la réponse royale. Mais depuis l'arrivée de la *Gloire*, quantité de peaux de buffle et de graisse avaient été dirigés sur Tourane dans le plus grand secret ; c'était, soit pour se garantir contre les balles des étrangers, soit pour brûler leurs vaisseaux. Peu après le départ du mandarin de la cour arriva un mandarin militaire et deux mille soldats, et sous prétexte d'un festin et d'un feu de joie en l'honneur des étrangers, ils entassèrent de la paille et des bambous, avec une grande provision de comestibles. Le mandarin militaire ne faisait qu'exécuter en tout ces arrangements, l'ordonnance royale dont il était porteur et qui renfermait ce qui suit :

« 1° Inviter les étrangers à un banquet, entourer le lieu du festin de plusieurs centaines de soldats. les plus forts et les plus courageux, munis de cordes (ce qui fut exécuté à la lettre); puis, durant le repas, garroter, assommer, égorger les invités européens jusqu'au dernier; 2° si les Français ne descendent point à terre, cerner à l'improviste les deux vaisseaux des barbares avec cinq navires tonkinois construits à l'européenne, et plusieurs jonques de guerre, lancer des brulôts et des boulets, incendier et détruire le tout sans en laisser aucune trace. »

Le mandarin savait bien que ce guet-apens pouvait avoir plus d'un inconvénient dans la mise en exécution, mais l'ordre était formel, et Thiêu-Tri, un tyran, c'est pourquoi il fallait agir, et il agissait. Il invita les officiers français à un grand banquet; MM. Lapierre et Rigault de Genouilly, trouvant que toutes ces démonstrations de cordialité ne disaient rien de bon, refusèrent l'invitation; voyant le premier article éventé, le mandarin dut se rabattre sur la seconde partie du plan royal. En conséquence, une copie du décret fut envoyée à tous les navires cochinchinois de la rade, et bientôt des manœuvres suspectes attirèrent l'attention des navires français. Indignés de tout ce qui s'était tramé contre la sûreté de leurs équipages et contre l'honneur de leur pavillon, les commandants envoyèrent une énergique protestation au gouverneur de Tourane; puis, certains que leurs ennemis allaient toujours de l'avant, devant l'imminente attaque des Annamites ils ouvrirent le feu. Cinq corvettes du roi furent incendiées et coulèrent à fond; plus de mille indigènes payèrent de leur vie l'infâme trahison de Thiêu-Tri dont nos braves marins devaient être les victimes (15 avril 1847).

ÉDIT DE THIÊU-TRI. — Ce désastre irrita tellement l'empereur, qu'il devint comme un insensé. Il publia un édit rempli d'injures contre la France et porta peine de mort contre tout européen; un procès serait fait ensuite à sa mémoire, s'il y avait lieu.

MORT DE THIÊU-TRI (1847). — Les Anglais voulurent exploiter la haine que ce prince portait au nom français, mais ils furent mal reçus et durent se retirer. Peu après, le bruit se répandit à la cour qu'une flotte française arrivait; à cette nouvelle, l'empereur saisi de terreur tomba gravement malade, et malgré tous les sorciers et les jongleurs, il mourut dans la nuit du 4 novembre 1847, après un règne de six ans. Il laissait un royaume en pleine décadence, ruiné par les exactions des grands et décimé par la peste et le choléra asiatique. Son nom était en horreur aux chrétiens et aux païens, et, comme dernier acte, il légua la guerre civile.

TU-DUC. — En effet, Thiêu-Tri appela au trône son fils puîné, Hoang-Nhâm, au détriment des justes espérances d'An-Phong, son fils aîné. Suivant l'exemple de ses prédécesseurs, Hoang-Nhâm changea de nom à son avènement au trône et se fit appeler Tu-Duc. Grâce aux intrigues de son premier ministre, dont il avait épousé la fille, Tu-Duc se vit bientôt seul maître de la couronne, et An-Phong dut se retirer.

Caractère de Tu-Duc. — Ne pouvant se résigner à la déchéance, il en appela au peuple et même aux chrétiens. Mgr Pellerin, de concert avec Mgr Retord, répondit que les chrétiens ne détrônaient même pas leurs tyrans et persécuteurs. Tu-Duc eut connaissance de cette réponse rendue publique, mais si jamais on avait cru à sa générosité, à son esprit libéral et à son bon sens pratique, on fût promptement désabusé. En 1854, nombre de chrétiens avaient déjà souffert le martyre, et M. Schœffler avait payé de sa tête son amour pour son Dieu. Tu-Duc tenait à faire passer les chrétiens comme conspirateurs ; aussi, cette année, An-Phong ayant tramé un complot, on fit beaucoup d'arrestations ; An-Phong fut étranglé ou empoisonné. Aucun chrétien n'avait pu être compromis dans cette malheureuse affaire, malgré tout le bon vouloir du bonze dénonciateur ; néanmoins, Tu-Duc fit publier un nouvel édit contre les sauvages de l'Occident et leur religion perverse.

Persécution (1854). — Cet édit fut le signal d'un redoublement de fureur contre les chrétiens et les missionnaires, et, le 1er mai 1855, M. Bonnard expirait sous le fer du bourreau, après avoir enduré les tortures du prétoire. En vain M. de Montigny, envoyé français, éleva-t-il sa voix, Tu-Duc le méprisa, et pour lui faire recevoir une lettre il ne fallut rien moins que l'énergie du commandant Lelieur de Ville-sur-Arce. Il débarqua du Catinat à la tête d'une compagnie d'infanterie, prit les forts qui couronnent le port de Tourane, encloua soixante canons et noya les poudres. Alors seulement on reçut sa missive (7 septembre 1856), et on lui permit de ravitailler son navire. Mais si Tu-Duc avait dû céder alors, il montra bien que la force seule l'y avait contraint, il rejeta toutes les propositions de l'ambassadeur, M. de Montigny, et se renferma dans son orgueil humilié.

VENGEANCE DE TU-DUC (1857). — Tu-Duc ne désirait plus que la vengeance, il avait soif du sang français. En conséquence, il fit saisir Mgr Diaz, le 21 mai 1857, et comme défi porté aux barbares d'Occident, il le condamna à mort. La sentence royale fut exécutée le 20 juillet. C'était là le commentaire de la réponse de Tu-Duc à M. de Montigny.

CHAPITRE IV.

Première expédition. — L'amiral Rigault de Genouilly. — Prise de Saigon. — Deuxième expédition. — L'amiral Charner. — Combat de Ki-Hoa. — Traité de paix.

PREMIÈRE EXPÉDITION CONTRE TU-DUC (1858). — Tandis que Tu-Duc mettait aux fers de nouveaux apôtres et condamnait Mgr Melchior à perdre la tête, le 11 septembre 1858, la France, par la voix de son chef, Napoléon III, annonçait qu'elle ne voulait pas rester inactive ; elle avait pesé tous les griefs et tous les crimes du despote asiatique, et la mesure parut comble.

L'amiral Rigault de Genouilly, commandant alors la division navale des mers de la Chine, fut chargé d'opérer militairement contre Tu-Duc. Il avait à lui demander compte de l'inexécution du traité de 1787, du droit des gens méprisés, du pavillon national mainte et mainte fois honni et insulté, du sang de tant de missionnaires torturés et martyrisés pour le Christ.

Le 31 août 1858, l'amiral se présenta devant Tourane avec une frégate, deux corvettes, cinq canonnières, trois transports et un vapeur espagnol (l'Espagne ayant aussi à venger sa foi et ses nationaux). Après les sommations ordinaires, l'attaque commença le 1er septembre au matin ; bientôt les feux des batteries ennemies furent éteints, on jeta à terre 2,500 hommes, mais ils ne purent guère prouver leur habileté. Les Cochinchinois, si vaillants contre les missionnaires, s'étaient enfuis lâchement Les forts, au nombre de six, furent trouvés sans défenseurs, sauf celui qui ne permettait aucune porte dérobée; là on fit quarante et quelques prisonniers. Ainsi fut prise la ville et la péninsule de Tourane.

Combat près Tourane. — Tu-Duc, en voyant ses troupes battues, entama des pourparlers. Le 7 de septembre, l'amiral les rompit, on n'avait pu s'entendre. De nouveau on vint attaquer les Annamites, qui s'étaient retranchés à cinq kilomètres du camp français. L'ennemi, fort de 7 à 8,000 hommes avait multiplié les obstacles. A la petite pointe du jour, les colonnes françaises arrivèrent sur les ouvrages annamites; doubles fossés, haies en bambous, chevaux de frise, trous de loups, rien ne les arrêta. Les défenseurs prirent la fuite ou tombèrent sous la balle des carabines, car le corps ennemi se dérobait promptement et on ne put le joindre à la baïonnette. Après huit heures de poursuite, les troupes françaises rentrèrent dans leur camp Pendant l'attaque des colonnes, la flottille bombarda les forts qui eussent pu contrebattre les troupes, et les détruisit sur toute la ligne. La journée avait coûté au corps expéditionnaire dix morts et quarante blessés, mais désormais la route de Huê était libre.

Cruautés de Tu-Duc. — Tu-Duc, en apprenant cette seconde défaite, ne garda plus aucuns ménagements envers les chrétiens, qu'il accusait d'attirer les barbares. Les prisons regorgèrent de malheureux confesseurs de la foi. Il y eut des villages chrétiens dont tous les habitants furent soumis aux tortures; enfin, un massacre général fut sur le point d'être ordonné. En deux ans, quinze prêtres indigènes obtinrent la palme du martyre. Ce fut en ces jours de tourmente que Dieu rappela à lui (le 22 octobre 1858) Mgr Retord, mort au milieu des bêtes féroces, fuyant la hache du bourreau.

Pour n'avoir point à revenir sur ce chapitre, nous ajouterons que malgré notre présence, et même depuis les traités, le tyran annamite continue à saisir, torturer et condamner les chrétiens et parfois même les Européens. Citons M. Néron, décapité en 1860; M. Vénard, étranglé en 1861; Mgr Hermosilla, Mgr Berrio-Ochoa et le P. Almato, tous les trois décapités le 1er novembre 1861.

Prise de Saigon (17 février 1859). — Le but primitif de l'amiral était d'agir sur Huê, mais les maladies particulières à la baie de Tourane, les avantages qu'on pourrait tirer en s'emparant de la Basse-Cochinchine, décidèrent M. Rigault de Genouilly à changer de plan. Ordre fut donné à l'escadre d'appareiller et de se diriger vers le Dong-Nai, en laissant une garnison à Tourane.

Le 7 février, l'escadrille pénétrait dans la rivière de Saigon, détruisait en la remontant les forts qui défendaient les approches de la ville, qui elle-même nous ouvrait ses portes le 17. L'amiral laissa cette capitale de la Basse-Cochinchine sous les ordres du capitaine de frégate Jauréguiberry, et reprit la route de Tourane. Les Annamites avaient de nouveau entouré cette ville, ils y trouvèrent un nouvel échec, comme nous l'avons vu. Ce fut par cette victoire devant Tourane (7 septembre 1859) que M. Rigault de Genouilly mit fin à son glorieux commandement.

L'AMIRAL PAGE (1er novembre 1859.) — L'amiral Page prit la direction des affaires le 1er novembre 1859; après une nouvelle victoire sur l'ennemi, ce contre-amiral se trouvait aux portes de Huê. Mais la guerre de Chine nécessita le concours de toutes les forces que nous avions dans l'Extrême-Orient. On abandonna même entièrement Tourane, et l'on ne garda que Saigon comme base de nos opérations futures.

LE CAPITAINE DARIÈS. — Forte de 700 hommes, la garnison de Saigon maintint haut le drapeau de la France. Honneur au capitaine de vaisseau Dariès, qui, avec ce faible noyau de soldats, tint durant une année entière en plein échec toute l'armée annamite, qui s'était fortifiée dans la plaine de Ki-Hoa autour de la ville! Ses attaques de chaque jour furent toujours repoussées avec succès.

REPRISE DES HOSTILITÉS (1860). — Le traité de Pékin, en octobre 1860, vint nous permettre de reprendre l'offensive en Cochinchine. Tu-Duc, toujours tyran, refusa une seconde fois tout accommodement propre à garantir la sécurité de nos missionnaires et de leurs ouailles; en conséquence, le vice-amiral Charner, à la tête de notre escadre redevenue libre, arriva à Saigon le 7 février 1861.

CAMP DE KI-HOA ET L'AMIRAL CHARNER (1861). — Le 24 février, suivi d'un corps de 3,000 hommes, l'amiral se mit en marche contre le camp retranché de Ki-Hoa. Nguyên-Tri-Phuong, gouverneur général, administrateur et homme de guerre expérimenté, commandait l'armée de Tu-Duc. Il s'était fortifié par de doubles fossés et une triple ligne de palissades en bambous. Il fallait déloger à tout prix cet ennemi redoutable, ou évacuer le pays ; de l'aveu des gens du métier, une attaque de vive force était chose difficile, téméraire, j'allais dire folle. Mais les aigles tombent et ne reculent point, tel fut l'avis du brave et illustre officier. Il attaqua ce camp inexpugnable, qui fut enlevé par des prodiges d'audace et de bravoure ; impassible au pied des palissades, l'amiral Charner dirigeait le combat et servait de point de mire au feu des défenseurs, un moment son escorte décimée par les balles éprouva un vague mouvement d'hésitation, le général Vasseigne et les colonels espagnols Palanca et Guttièrez venaient d'être blessés : c'était l'heure suprême de l'assaut ; l'amiral se tourne vers son état-major : « Eh bien, Messieurs, puisque la place est chaude, s'écrie-t-il, faites comme moi : je suis à mon poste et j'y reste ; je ne suis point venu pour reculer. »

Dix minutes après, tous les obstacles étaient brisés, le camp enlevé, et l'armée annamite complètement anéantie. La lutte avait été opiniâtre ; l'ennemi, fort de 20,000 hommes, avait compté pour faire retraite sur des fortins élevés vers le nord sur les bords du fleuve, mais cette ressource lui fit défaut ; le contre-amiral Page, avec une division de l'escadre, avait remonté la rivière de Saigon et avait détruit forts et barrages, sans presque aucune opposition.

Prise de mitho (1861). — Maître et libre possesseur de la province de Gia-Dinh, l'amiral Charner rentra à Saigon pour faire reposer les troupes. Puis il songea à reprendre l'offensive. Une double expédition par terre et par eau fut dirigée sur Mitho; la première avait pour chef le commandant du Quilio, la seconde était sous les ordres du contre-amiral Page.

M. du Quilio, parti de Saigon dans les premiers jours d'avril, chemina vers Mitho par d'étroits canaux, enlevant et détruisant les défenses que les Annamites avaient accumulées sur la route. C'est dans cette expédition que fut tué, le 10 avril 1861, le brave capitaine de frégate Bourdais.

L'amiral Page appareilla peu après le départ du premier corps, franchit heureusement les barres du grand fleuve du Cambodje, brisa tout ce qui s'opposait à sa marche, et parut le 12 avril devant Mitho. Après une vive canonnade, Mitho nous ouvrait ses portes, et l'ennemi fuyait en déroute.

La prise de cette ville commerçante nous livra la province de Dinh-Tuong, et le pays compris entre le Donnaï et Cambodje devint ainsi notre domaine.

Traité de paix (5 juin 1862). — Tu-Duc, effrayé des rapides progrès de nos armes toujours victorieuses, voulut les arrêter en parlant de paix. Mais, convaincu que ce roi cauteleux et despote cherchait à soulever le peuple contre nous, notre Gouvernement envoya ordre à l'amiral Bonard de porter notre frontière plus à l'est de Saigon.

Dans ce but, l'amiral se mettait en campagne le 14 décembre 1861, dispersait en quatre jours

5 à 6,000 Annamites retranchés au nord de Saigon, arrivait à l'improviste devant Bien-Hoa, après avoir culbuté ses défenseurs, s'emparait de cette ville, et poursuivait l'épée dans les reins l'ennemi concentré dans les montagnes de Baria, non loin du cap Saint-Jacques.

Après ce coup vigoureux, l'amiral Bonard fit irruption dans le Vinh-Long en mars 1862, bombarda la capitale de cette province qui tombait le 23 entre ses mains ; la lutte avait été sanglante, car les mandarins étaient aux abois, ils se sentaient vaincus.

Tu-Duc le comprit lui-même, et il demanda sérieusement la paix. Deux hauts personnages arrivèrent à Saigon dans ce but. L'amiral Bonard les reçut avec courtoisie, et la paix fut signée le 5 juin 1862.

Le traité donnait à la France les trois provinces de Bien-Hoa, Saigon et Mitho, avec l'île de Poulo-Condore. De plus, Tu-Duc permettait le libre exercice du culte catholique dans l'empire, autorisait les sujets de la France à commercer librement dans les trois ports annamites de Tourane, Balat et Quang-An ; enfin payait à la France, en dix ans, une idemnité de guerre de 20,000,000 de francs.

Ratification du traité (1er juillet 1863). — Ce traité fut porté à Paris, et écartant des propositions de protectorat et autres projets mis en avant par une ambassade annamite venue, en 1863, dans cette capitale, le Gouvernement français le ratifia par un décret impérial du 1er juillet 1863. L'échange de ces ratifications eut lieu avec la plus grande pompe, le

15 avril, à Huê, où l'amiral Bonard s'était rendu en personne. C'est ainsi que cet officier supérieur termina son commandement; le 1er mai 1863, il prenait la mer pour effectuer son retour en France, laissant à la tête du service l'amiral de la Grandière, encore actuellement gouverneur de la colonie cochinchinoise.

COLONIE FRANÇAISE

DE LA BASSE-COCHINCHINE.

RÉVOLTE DE GO-CONG. — A l'heure des combats avait enfin succédé celle de l'organisation. L'amiral Bonard avait déjà jeté les bases de notre nouvelle colonie, bases souvent ébranlées par de violentes insurrections. Mais si l'orgueil d'un mandarin jaloux soufflait la révolte, l'amour-propre du mandarin fidèle s'employait aussitôt à éteindre le feu allumé par d'autres mains que les siennes. C'est ainsi que Go-Cong, situé dans le sud de la province de Saigon, se révolta sur les ordres du mandarin Quan-Ding. En moins de deux jours la tranquillité fut rétablie, et ici citons avec éloge les noms des mandarins Tran-Ba-Loc, Huinh-Cong-Tan et Tran-Van-Ca.

TRAITÉ AVEC LE CAMBODJE (1863). — L'amiral de la Grandière porta son attention, après avoir assuré la paix de son Gouvernement, sur nos rapports avec le royaume du Cambodje; après des pourparlers, il détacha le jeune roi du Cambodje, Phra-Norodom, de la cour intrigante de Siam qui le gouvernait par ses commissaires, et ce jeune prince s'est placé sous notre protectorat par un traité du 11 août 1863, nous livrant, pour y fonder un dépôt de charbon, l'importante position des Quatre-Bras, sur le grand fleuve du Cambodje.

Révolte a Baria (1864). — En avril 1864, la révolte montra la tête dans le cercle de Baria ; c'était encore la tyrannie mandarine qui soudoyait des gens sans feu ni lieu. Aussitôt l'autorité envoya des troupes. Le lieutenant-colonel Loubère mit en fuite les insurgés ; les milices indigènes aidèrent en cette circonstance les soldats français ; depuis lors, elles ont réprimé elles-mêmes diverses tentatives d'agitation, et, au mois d'août 1864, elles poursuivirent et prirent le mandarin Quan-Ding, auteur de la grande révolte de Go-Cong.

Prise de trois nouvelles provinces. — Les colons jouissaient de la paix près de nos grands centres militaires, mais sans cesse des maraudeurs faisaient des incursions sur les territoires éloignés, et, sans nul doute, ils trouvaient aide et encouragement dans le Vinh-Long et l'An-Giang ; de plus, la piraterie des côtes renaissait toujours, grâce à l'apathie du gouverneur d'Ha-Tiên. Ainsi, le 24 juin 1864, les insurgés réunis sur le Song-Raï étaient dispersés ; le 27 janvier 1865, on prenait Gia-Phu ; le 17 avril 1866, des colonnes parcouraient la vaste plaine des Joncs, s'emparaient de Thap-Muoi, centre des insurgés dans cette partie de notre colonie, et refoulaient bien au-delà de nos frontières les bandes des révoltés.

Vinh-Long (18 juin 1867). — Las de voir nos possessions sur ce qui vive continuel, l'amiral de la Grandière résolut de frapper un dernier coup. Le

18 juin 1867, il appareilla de Saigon et, à la tête d'une force de 2,000 hommes, il se présenta devant Vinh-Long. L'amiral envoya immédiatement un de ses aides-de-camp sommer le gouverneur de lui rendre la place sans conditions. Toute résistance eut été insensée. Aussi les deux premières autorités, Pham-Than-Gian, gouverneur annamite des trois provinces de l'ouest, et le Tong-Dok, préfet de la ville, se rendirent à bord de l'*Ondine* et firent leur complète soumission à l'amiral.

SADEC. — Pour ne pas laisser aux mandarins le temps de préparer leur évasion ou d'indisposer le peuple, l'amiral fit partir de suite des inspecteurs avec des détachements de soldats et de miliciens, afin de faire reconnaître l'autorité française ; Sadec, grand et riche marché, fut occupé sans coup férir.

CHAU-DOC (22 juin 1867). — Le vendredi 22 juin, l'amiral arrivait à Chau-Doc où la flottille, sous les ordres du capitaine Galley, l'avait précédé. A peine ancré, l'amiral recevait M. Galley. Le commandant lui apprenait que, surpris à l'improviste, le gouverneur s'était empressé de faire arborer le drapeau français ; de plus, qu'il avait capturé, dans le canal de Van-Nao, une jonque mandarine qui portait le gouverneur de Ha-Tiên.

HA-TIÊN (24 juin 1867). — Le 24 juin, sur l'ordre du gouverneur français, M. Galley entrait en rade de Ha-Tiên, après avoir reçu les soumissions des villages et des forts placés le long du canal de Ving-Té sur un parcours de 46 milles.

En descendant à terre, le commandant trouva tous les notables accourus pour apprendre les nouvelles destinées de leur pays. Il leur fit lecture des proclamations de l'amiral, en présence de leur ancien gouverneur annamite, qui s'était joint à cette expédition pour faciliter la prise de possession, puis on arbora solennellement sur la citadelle l'aigle impériale.

Ainsi se termina cette expédition, conduite avec autant de rapidité que de décision. En cinq jours, elle nous avait rendus maîtres de trois belles provinces, riches et fécondes, habitées par une population industrieuse et honnête, heureuse d'appartenir à un Gouvernement qui pourrait les protéger contre la piraterie. Cette conquête pacifique nous fait atteindre nos frontières naturelles, et maintenant, sans crainte de voisins inquiets et turbulents, les indigènes pourront développer les richesses de cette nature encore vierge, et donner avant peu à la France une colonie paisible, fructueuse, une des plus belles du monde.

Aujourd'hui déjà, nous voyons les heureux résultats de l'agrandissement du territoire. Délivrée de toute inquiétude de troubles civils, la colonie s'adonne, depuis trois années, avec la haute expérience des hommes éminents qui l'administrent, au grand mouvement d'organisation qui assure la durée et la prospérité d'un Etat. Sous l'habile direction de ses amiraux-gouverneurs, la Cochinchine française a vu les lois promulguées prendre sans secousse ni confusion leur salutaire empire ; elle a vu avec joie naître la vie municipale à Saigon, chef-lieu de la colonie. Déjà le commerce a pris une extension considérable, comme on le verra plus loin ; l'agriculture encouragée marche de succès en succès, la science elle-même ne reste pas inactive, et la belle expédition scientifique du Meï-Cong est la preuve de ce que nous avançons ici ; le peuple annamite lui-même sort de son engourdissement, il se sent rajeuni et vivifié par nos principes civilisateurs. Les idées d'ordre, d'honneur et de religion, viennent remplacer la paresse, la cupidité, l'indifférence religieuse. L'éducation des enfants, secondée et sagement dirigée, promet une génération pleine d'intelligence et de bonnes habitudes; enfin, désormais libre et respecté, le Catholicisme gagne de proche en proche répandant la lumière et la vérité; il parachève ainsi l'œuvre qu'il commença sous des édits de mort. Par lui les mœurs se purifient, les caractères se relèvent, la famille se fortifie; en un mot, par lui, la France chrétienne et civilisatrice aura de nouveaux enfants dignes d'elle.

ÉPHÉMÉRIDES.

1er septemb. 1858. — Prise de *Tourane* (vice-amiral Rigault de Genouilly).

11 février 1859. — Prise des forêts de l'entrée du *Donnaï* (vice-amiral Rigault de Genouilly).

17 février 1859. — Prise de *Saigon* (vice-amiral Rigault de Genouilly).

7 et 8 mai 1859. — Défaite des Annamites et prise du camp retranché devant *Tourane* (vice-amiral Rigault de Genouilly).

25 février 1861. — Prise des lignes de *Ki-Hoa* (vice-amiral Charner ; colonel espagnol Palanca).

10 avril 1861. — Occupation de l'*Arroyo de la Poste* (capitaine de vaisseau Le Couriault du Quilio). — Mort glorieuse du capitaine de frégate Bourdais.

12 avril 1861. — Prise de *Mitho* (contre-amiral Page).

9 décembre 1861. — Prise de *Bien-Hoa* (contre-amiral Bonard).

28 mars 1862. — Prise de *Vinh-Long* (contre-amiral Bonard).

5 juin 1862. — Traité de *Saigon* (contre-amiral Bonard).

25 février 1863. — Prise de *Go-Cong* (vice-amiral Bonard).

11 août 1863. — Par un traité passé avec l'amiral de la Grandière, le roi du Cambodje Phra-Norodom se place sous le protectorat français et livre à la France l'importante position des Quatre-Bras, sur le grand fleuve du Cambodje.

22, 23 et 24 juin 1864. — Expédition du *Song-Raï.*

27 janvier 1865. — Prise de *Gia-Phu.*

25 février 1866. — Ouverture à Saigon de la première exposition agricole et industrielle de Cochinchine.

17 avril 1866. — Prise de *Thap-Muoi* (expédition de la plaine des Joncs).

20 juin 1867. — Occupation de la citadelle et de la province de *Vinh-Long* (vice-amiral de la Grandière).

22 juin 1867. — Occupation de la citadelle et de la province de *Chau-Doc* (vice-amiral de la Grandière).

24 juin 1867. — Occupation de la citadelle et de la province de *Ha-Tiên* (vice-amiral de la Grandière).

12 mars 1868. — Mort de M. le capitaine de frégate Dondard de la Grée, chef de l'expédition scientifique du *Mei-Cong*.

21 juin 1868. — Reprise du fort du *Rach-Gia* sur les rebelles, le 21 juin 1868, à 3 h. de l'après-midi.

8 novembre 1868. — Expédition de *Ti-Thinh* et dispersion des rebelles du Nord, le 8 novembre 1868.

5 septembre 1869. — Première réunion des notables.

LISTE CHRONOLOGIQUE

DES COMMANDANTS EN CHEF, COMMANDANTS ET GOUVERNEURS.

RIGAULT DE GENOUILLY, vice-amiral, commandant en chef de la division navale des mers de Chine et du corps expéditionnaire, s'empare de Tourane le 1er septembre 1858, et de Saigon le 17 février 1859.

JAURÉGUIBERRY, capitaine de frégate, commandant

à Saigon depuis le mois de mars 1859 jusqu'au 1er avril 1860, d'abord sous les ordres du vice-amiral Rigault de Genouilly, puis sous ceux du contre-amiral Page.

Page, contre-amiral, nommé commandant en chef de la division navale et du corps expéditionnaire dans les mers de Chine le 12 août 1859, prend la direction des affaires en Cochinchine le 1er novembre 1859, et la conserve jusqu'au mois de mars 1860.

Dariès, capitaine de vaisseau, commandant supérieur à Saigon, depuis le 1er avril 1860 jusqu'à l'arrivée du vice-amiral Charner, le 7 février 1861.

Charner, vice-amiral, nommé commandant en chef des forces navales dans les mers de Chine le 4 février 1860, arrive à Saigon le 7 février 1861, et conserve le commandement jusqu'au 29 novembre de la même année, après s'être emparé des provinces de Saigon et de Mitho.

Bonard, contre-amiral, nommé commandant en chef en Cochinchine le 8 août 1861, s'empare de la province de Bien-Hoa, et de Vinh-Long ; part pour la France le 1er mai 1863.

De la Grandière, contre-amiral, nommé gouverneur et commandant en chef *p. i.* le 28 janvier 1863, entré en fonctions le 1er mai suivant, est nommé titulaire le 16 octobre de la même année ; part pour la France le 31 mars 1865, en mission.

Roze, contre-amiral, commandant en chef la division navale des mers de Chine et du Japon, nommé gouverneur *p. i.* le 11 décembre 1864, entré en fonctions le 1er avril 1865.

De la Grandière, vice-amiral, gouverneur et

commandant en chef, de retour en Cochinchine le 28 novembre 1865, s'empare les 20, 22 et 24 juin 1867, des trois provinces de Vinh-Long, Chau-Doc et Ha-Tiên; part pour la France le 4 avril 1868, en congé.

OHIER, contre-amiral, commandant en chef la division navale des mers de Chine et du Japon, nommé gouverneur *p. i.* et commandant en chef le 10 décembre 1867, entré en fonctions le 5 avril 1868.

GÉOGRAPHIE

ABRÉGÉE

DE L'EMPIRE D'ANNAM

et de

LA BASSE-COCHINCHINE

FRANÇAISE.

[illegible]

[illegible]

[illegible]

[illegible]

[illegible]

ANNAM.

L'Inde transgangétique, Inde au-delà du Gange ou Indo-Chine, tels sont les trois noms sous lesquels on désigne la grande péninsule de l'Asie méridionale, située entre les 88° et 107° long. E., et 1° et 27° lat. N. Ce vaste pays a pour bornes, au nord, l'Empire chinois; à l'est, la mer de la Chine; à l'ouest, le golfe de Bengale; au sud, ces deux mêmes mers ou bras de mers et le détroit de Singapour.

On partage l'Indo-Chine en six grandes divisions, subdivisées elles-mêmes en de nombreux Etats, savoir : empire Birman, royaume de Siam, Malacca indépendant, possessions anglaises, empire d'Annam, y compris les possessions françaises et îles d'Audaman et de Nicobar. Pour notre part, nous nous occuperons seulement de l'empire d'Annam.

L'empire d'Annam occupe la partie orientale de la presqu'île indienne; il est borné, au nord, par la Chine, dont il est séparé par un vaste désert de sable; au sud et à l'est, par la mer de Chine; au nord-ouest, par le golfe de Tonkin; à l'ouest, par les possessions françaises, le royaume de Siam et la Birmanie. Son étendue est d'environ 300 lieues, du nord au sud; de 150 de l'est à l'ouest, et sa superficie de près de 370,000 kil. carrés.

Le climat, généralement chaud, est tempéré par

des vents d'est, des pluies périodiques et grand nombre de rivières et canaux d'irrigation.

La population totale de l'empire annamite est évaluée diversement ; les chiffres varient de 12 à 15,000,000 d'habitants. La religion de Confucius est celle des grands et des lettrés de l'empire, le Boudhisme est la religion du peuple. Malgré les persécutions de tout genre, le Christianisme y compte un certain nombre de fidèles. Huit vicaires apostoliques desservent cette Église toujours militante en dépit des traités, et forte de près de 600,000 néophytes.

L'empire annamite comprend trois grands gouvernements : le Tonkin, la Cochinchine proprement dite, et le Cambodje ou Basse-Cochinchine.

Voici la subdivision de ces gouvernements en trân ou provinces :

TONKIN : Cao-Bang, Lang-Son ou Lang-Bac, Thay-Nguyên, Tuyen-Quang, Quang-Yên, Bac-Ninh, Hung-Hoa, Son-Tay, Hai-Dong, Son-Nam, Nom-Dinh, Ninh-Binh ou Thanh-Hoa-Ngai, Son-Thai ou Thanh-Hoa-Noi.

COCHINCHINE : Nghe-An, Bo-Chinh, Quang-Binh, Quang-Tri, Quang-Duc ou Huê-Phu, Quang-Nam, Quang-Ngai, Tran-Binh ou Qui-Nhon, Phu-Yên, Nha-Trang ou Binh-Hoa, Binh-Thuàn.

CAMBODJE : Bien-Hoa, Gia-Dinh, Dinh-Tuong, Vinh-Long, Chau-Doc, Ha-Tiên ou Tamau, dont nous parlerons plus amplement page 79.

Les principaux ports de la Cochinchine sont : le port de Tourane, le port Kiquit, le port de Qui-Nhon, le port de Coumonge, le port de Xuan-Day, le port de Hone-Cohe, le port de Camraigne.

Les principales rivières, dans le Tonkin, sont : le Keto, qui passe à Hai-Dong ; le Song-Ca, qui passe à Kecho ; le Thanh-Hoà ; le Thanh-Hoà-Nôi.

Dans la Cochinchine : le Nghê-An ; le Bo-Giang, qui passe à Dinh-Ngai ; le Quon-Binh ; le Quong-Tri ; la rivière de Huê ; le Quong-Nam ; la rivière de Phaipho ; le Quong-Noi ; le Tan-Quan ; la rivière de Qui-Nhon ; la rivière de Phu-Yên ; la rivière de Nho-Trang et la rivière de Binh-Thuan.

Les principales îles du Tonkin sont : les Pirates, Bouan-Sima et Sorel.

Celles de la Cochinchine sont : île du Tigre, la Cham-Collao, le Canlon, îles des Tourterelles, Juan-Priéto, Cambire, Dun, la Trée, l'île de Bréda et le Tigre.

Les principaux caps sont, dans le Tonkin : le cap Bouk-Quiona.

Dans la Cochinchine : le cap Choumai, le cap Vord, le cap Hapoix, le Faux-Varelle et le cap de Pandaran.

Les chaînes de montagnes qui se trouvent dans l'empire d'Annam servent de frontières naturelles à l'ouest et au nord de ce vaste royaume. Elles portent le nom des diverses provinces qu'elles traversent.

Les villes principales du Tonkin sont : Kecho, ville capitale, aujourd'hui déchue de son antique splendeur ; Domea, ville de commerce, au centre du Delta, formée par le Song-Ca ; Cua-Dai ou Cua-Gok, remarquable par son port vaste et sûr ; Cua-Bang, Cua-Thai, Cua-Soo, Cua-Ghiang, tous ports marchands.

Les villes principales de la Cochinchine sont . Huê-Phu, capitale de tout l'empire, fortifiée à l'européenne par MM. Dayot et Olivier; Cua-Han ou Tourane, premier port ouvert à notre commerce; Faïfo ; Quang-Nan-Dinh; Qui-Nhon, patrie des Tay-Son ; Nha-Trang et Binh-Thuan.

COCHINCHINE FRANCAISE.

La Cochinchine française comprend les six provinces du Cambodje annamite, c'est-à-dire : Gia-Dinh, Dinh-Tuong ou Mitho, Bien-Hoa, Vinh-Long, Chau-Doc et Ha-Tiên.

Le gouverneur et les principales administrations résident à Saigon, ancienne capitale de la Basse-Cochinchine.

Deux commandants supérieurs demeurent chargés des provinces de Vinh-Long et de Chau-Doc ; en outre, il existe quatre cercles militaires : Bien-Hoa, Baria, Mitho, Chau-Doc.

L'administration indigène est confiée à des inspecteurs des affaires indigènes. On donne le nom d'*inspection* à l'étendue du territoire qu'ils administrent.

Topographie.

SITUATION GÉOGRAPHIQUE. — La Basse-Cochinchine représente un vaste rectangle formé par la pointe de terre qui termine, au sud, le royaume d'Annam.

Elle est baignée à l'ouest par les eaux du golfe de

Siam, et à l'est par la mer de la Chine. Elle est bornée au nord-ouest par le Cambodje, au nord par les pays Moïs, et au nord-est par de vastes forêts qui la séparent de la province du Binh-Tuan.

Ce pays, situé entre les 103° et 105° 11' de longitude est, et les 8° 35' et 11° 45' de latitude nord, a une superficie totale de 50,000 kil. carrés environ.

Fleuves.

La Basse-Cochinchine est arrosée par huit fleuves principaux, savoir :

1° Le Meï-Cong, ou grand fleuve du Cambodje.

2° Le canal de Vinh-Té.

3° Le Rach-Gia, ou canal Toai-Son.

4° Le Ca-Mau.

5° Le Vam-Co-Co et le Vam-Ba-Xuyen.

6° Le Donnaï, ou fleuve de Bien-Hoa.

7° Le Vaï-Co oriental ou grand Vaï-Co, ou Song-Ben-Luc.

8° Le Vaï-Co occidental ou petit Vaï-Co, ou Song-Vung-Ngu.

Rivières.

Les principales rivières sont : le Ben-Ghe, ou rivière de Saigon, qui se jette dans le Donnaï ; l'Arroyo chinois de Saigon, qui se jette dans le Meï-Cong.

Nous allons maintenant donner le parcours des huits grands fleuves et de leurs nombreux affluents :

1° Le *Meï-Cong* ou grand fleuve du Cambodje, il prend sa source dans les montagnes du Thibet. Il se divise à Nam-Vang ou Quatre-Bras, marché cambodjien, en deux grands fleuves appelés fleuve Postérieur et fleuve Antérieur.

Le fleuve Postérieur arrose les inspections de Chau-Doc, Long-Xuyen, Cantho, Soc-Trang, Bac-Trang, et il se jette dans la mer de Chine par les deux embouchures Cua-Trang-Dê et Cua-Dinh-An; ses affluents sont nombreux et presque tous navigables.

Le fleuve Antérieur arrose les inspections de Can-Lo, Sadec, Vinh-Long, Travinh, Mocay, Ben-Tre, Caï-Be, Mitho, Cho-Gao ; il se jette dans la mer de Chine par six embouchures : Cua-Kokhien, Cua-Bang-Cung, Cua-Ngo-Chan, Cua-Ba-Laï, Cua-Daï et Cua-Tiên. Les affluents de ce bras du Meï-Cong sont si multiples qu'ils forment un vrai réseau de canaux dont quelques-uns peuvent recevoir les plus grands navires.

2° La rivière de *Ha-Tiên*, qui est canalisée et unit le fleuve Postérieur au golfe de Siam. Ce canal part de Ha-Tiên et se rend à Chau-Doc ; le peuple le nomme canal de *Vinh-Té*.

3° Le *Rach-Gia*, aussi canalisé, appelé dans le pays canal de *Toai-Son*; il unit Rach-Gia sur le golfe de Siam à Dong-Xuyen sur le fleuve Postérieur.

4° Le *Ca-Mau ;* ce fleuve qui réunit plusieurs rivières, se jette dans le golfe de Siam par plusieurs embouchures, il arrose un immense territoire nommé Lang-Bien, au sud et sud-est de Rach-Gia.

5° Le *Vam-Co-Co* et *Vam-Ba-Xuyen* souvent

réunis, arrosent l'inspection de Soc-Tran; Vam-Co-Co se jette par son embouchure Cua-Mi-Thanh dans la mer de Chine; Vam-Ba-Xuyen se jette à Dai-Ngai dans le fleuve Postérieur.

6° Le *Donnaï* ou Phuoc-Long-Giang; il prend sa source au pays des Moïs, il arrose les inspections de : Bien-Hoa, Long-Thanh, Baria et Cangioc. Il se jette à la mer par trois embouchures principales : le Soirap, peu facile; le Dong-Tranh, d'un faible tirant d'eau; enfin Cua-Can-Gio, entre la pointe de Can-Gio et le cap Saint-Jacques. Cette embouchure est celle qui conduit à Saigon.

Le *Donnaï* reçoit plusieurs affluents; le principal est le *Ben-Ghe* ou rivière de Saigon. Cette rivière a sa source au Cambodje, elle est profonde et large; à marée basse, un trois-ponts peut encore arriver jusqu'à Saigon; elle a une largeur de 400 m devant cette ville, et elle se jette à dix milles au sud dans le Donnaï. Elle arrose les inspections de Thu-Dau-Mot et Saigon.

7° et 8° Les deux *Vaï-Co* : le Vaï-Co oriental ou grand Vaï-Co, coule du nord au sud comme la rivière de Saigon; il est profond, mais peu large; il se déroule sur les territoires de Tran-Bang et Chô-Lon.

Le Vaï-Co occidental court parallèlement au cours du Meï-Cong (fleuve Antérieur), il arrose une vaste plaine, qu'il sépare en deux, passe à Tan-An, et vient se réunir au grand Vaï-Co, qui se jette dans la mer de Chine par l'embouchure du Soirap.

Plusieurs petites rivières ou arroyos relient ces fleuves et forment de vastes voies de communication; le plus important de ces arroyos est celui qui relie la Cochinchine au Cambodje ; sous les noms d'arroyo chinois, Rach-Bo-Bo, arroyo de la Poste, il part de Saigon, coupe les deux Vaï-Co et arrive au Meï-Cong devant Mitho.

Montagnes.

Sur la rive gauche du Donnaï, vers l'est de Bien-Hoa, apparaissent quelques montagnes qui s'élèvent vers le nord, ce sont les dernières chaînes de montagnes qui séparent le Tonkin et la Cochinchine de la vallée immense du grand fleuve cambodjien ; les principales sont Nui-Shon-Lu, Nui-Shon-Ho.

Dans l'inspection de Baria, on remarque les monts Nui-Dinh, Nui-Baria, Mui-Tiwan et Nui Canh-Raï ou Saint-Jacques, sur les bords de la mer.

Dans l'inspection de Tay-Ninh se trouve le pic presque isolé de Ba-Dinh, haut de 600m.

Dans les inspections de Ha-Tiên et Chau-Doc se trouvent plusieurs monts, les principaux sont : Nui-Than, Nui-Thai-Son, Nui-Dai, Nui-Cam, etc.

Iles.

Les principales îles de la colonie sont : Poulo-Condore, pénitencier de la colonie ; île des Deux-Frères, Petite-Condore et Hon-Mau, dans la mer de Chine ; Hon-Ba-Tien, Hon-Nam-Du, Con-rai, Laï-Son, îles Balna, îles Pirates et la grande île Phu-Quoc, dans le golfe de Siam.

Caps.

Les caps principaux sont : Ba-Ke, Mui-Thuy-Van, Saint-Jacques ou Muy-Vung-Tau, dans l'inspection de Baria; le cap Cai-Chang, au sud de Ha-Tiên; pointe de Ca-Mau, à l'extrémité sud-ouest de la Basse-Cochinchine. La marine a établi au cap Saint-Jacques un phare de premier ordre.

Baies.

Les principales baies sont : la baie de Canh-Raï ; la baie des Cocotiers, près le cap St-Jacques ; la baie de Balna ou de la Table, près le cap Cai-Chang.

PROVINCE DE SAIGON

284,000 hab. (1)

Cette province contient sept inspections, savoir :

1° Saigon (anciens huyens de Binh-Duong et Binh-Long). Chef-lieu Saigon. (Chaque inspection porte le nom de son chef-lieu). — 115,000 habitants.

2° Chô-Lon (ancien huyen de Tan-Long). — 40,000 habitants.

3° Cangioc (ancien huyen de Phuoc-Loc). — 50,000 habitants.

4° Go-Cong (ancien huyen de Tan-Hoa). — 30,000 habitants.

5° Tan-An (anciens huyens de Tan-Thanh et Cuu-An). — 16,000 habitants.

6° Taï-Ninh (ancien huyen de Taï-Ninh). — 7,000 habitants.

7° Trang-Bang (anciens huyens de Quang-Hoa et Taï-Ninh). — 9,000 habitants.

PROVINCE DE MI-THO

(202,000 hab.)

Cette province contient quatre inspections, savoir :

1° Mi-Tho (ancien huyen de Kien-Hung). — 60,000 habitants.

---

(1) Dans ce chiffre on comprend la population de l'inspection de Thu-Duc, réunie, en octobre 1868, à l'inspection de Saigon.

2° Chogao (ancien huyen de Kien-Hoa). — 19,000 habitants.

3° Ben-Trê (ancien phu de Hoang-Tri). — 96,000 habitants.

4° Caï-Laï (ancien huyen de Kien-Dang). — 27,000 habitants.

PROVINCE DE BIEN-HOA

(119,000 hab.)

Cette province comprend quatre inspections, savoir :

1° Bien-Hoa (ancien huyen de Phuoc-Chanh). — 32,000 habitants.

2° Baria (ancien huyen de Phuoc-An). — 21,000 habitants.

3° Thu-Dau-Mot (ancien huyen de Binh-An). — 46,000 habitants.

4° Long-Thanh (anciens huyens de Long-Thanh et Bao-Chanh). — 20,000 habitants.

PROVINCE DE VINH-LONG

(358,000 hab.)

Cette province comprend cinq inspections, savoir :

1° Vinh-Long (anciens huyens de Vinh-Binh et Vinh-Tri). — 210,000 habitants.

2° Travinh (ancien huyen de Travinh). — 53,000 habitants.

3° Can-Lo (ancien huyen de Kien-Phong). — 30,000 habitants.

4° Mo-Caï (anciens huyens de Tan-Minh et Duy-Minh). — 31,000 habitants.

5° Bac-Trang (ancien phu de Lac-Hoa). — 34,000 habitants.

PROVINCE DE CHAU-DOC

(241,000 hab.)

Cette province renferme cinq inspections, savoir :

1° Chau-Doc (ancien phu de Tuy-Bien, ancien huyen de Tinh-Bien, partie de l'ancien huyen de de Dong-Xuyen). — 86,000 habitants.

2° Sadec (ancien phu de Tanh-Thanh, c'est-à-dire les huyens de Vinh-An et de An-Xuyen). — 38,000 habitants.

3° Soc-Tran (phu de Ba-Xuyen, huyens de Vinh-Dinh et de Phong-Thanh). — 28,000 habitants.

4° Can-Tho (huyen de Phong-Phu). — 28,000 habitants.

5° Dong-Xuyen (partie de l'ancien huyen de Dong-Xuyen). — 61,000 habitants.

PROVINCE DE HA-TIÊN

(30,000 hab.)

Cette province renferme deux inspections, savoir :

1° Ha-Tiên (ancien huyen de Ha-Chau). — 13,000 habitants.

2' Rac-Già (anciens huyens de Kien-Giang et de Long-Xuyen). — 17,000 habitants.

Cultures.

Les principales cultures sont :

1° Les rizières, qui occupent 240,249 hectares 28 ares. Les premières inspections dans cette partie sont : Vinh-Long, Go-Cong, Cangioc, Sadec, Tanan, Chogao, Mitho, Bentre et Mocaï, Cho-Lon, Caï-Laï, Chau-Doc, Can-Lo et Can-Tho.

2° Les cannes à sucre, bétel et mûriers, qui occupent 9,322 hectares 72 ares. Les premières inspections dans cette culture sont : Bentre, Mitho, Dong-Xuyen, Rach-Gia, Mocaï, Travinh, Bac-Trang, Vinh-Long.

3' Les aréquiers et cocotiers, qui occupent 24,867 hectares. Les principales inspections dans cette culture sont : Vinh-Long, Can-Lo, Chogao, Mitho, Bentre, Mocaï, Caï-Laï, Saigon.

4° Les arachides, etc., qui occupent 22,938 hectares. Les premières inspections de cette culture sont : Sadec, Chau-Doc, Caï-Laï, Can-Tho, Can-Lo, Dong-Xuyen, Mocaï, Vinh-Long.

5° Palmiers d'eau, qui occupent 5,172 hectares 53 ares. Les premières inspections sont : Mocaï, Chau-Doc, Chogao, Bentre, Rach-Gia, Soc-Trang et Go-Cong.

Salines.

Les principales salines se trouvent :

1° A Baria, 371 hectares 4 ares 95 centiares.

2° A Soc-Tran, 200 hectares environ.

Forêts.

Les principales forêts sont :

1° A Taï-Ninh, 250,000 hectares environ ;

2° Chau-Doc, Ha-Tiên, Bien-Hoa, et l'île Poulo-Condore.

Commerce.

La Cochinchine française peut, par son commerce, rivaliser avec n'importe laquelle de nos anciennes colonies ; ses revenus s'élèvent déjà à près de 25 millions de francs, c'est un pays essentiellement agricole ; ses principales cultures, comme nous l'avons vu, sont celles du riz, du tabac, du coton, du maïs, de l'arachide, de la canne à sucre et du bétel, mais toutes ses productions sont loin d'être consommées sur place, de là un mouvement commercial très actif, favorisé par un nombre infini de canaux navigables. Chaque semaine, les grands marchés de Vinh-Long, Sadec, Dong-Xuyen, Soc-Trang, Long-Xuyen, Tay-Ninh, Thu-Dau-Mot, Bien-Hoa, Bariah, Mitho, Go-Cong, Cho-Lon et Saigon, voient leurs quais ou pour parler plus exactement, leurs ports encombrés de marchandises diverses, qui toutes trouvent d'heureux débouchés. En effet, la Chine, le Japon, les grands ports de Singapour, de Manille, de Tourane, de Hong-Kong et même Suez (1) et La Réunion viennent aujourd'hui s'approvisionner dans nos ports cochinchinois, apportant dans les flancs de leurs trois-mâts et de leurs vapeurs les articles spéciaux de leurs industries, soit chinoises ou asiatiques, soit européennes ou françaises. Enfin, et ceci nous dispense de tout commentaire, du 1er octobre au 31 décembre 1869, la statistique officielle du port de Saigon constate 99 entrées ou sorties de navires au long-cours, soit 9,000,000 de francs comme exportation, et 20,000,000 comme importation, soit un tonnage réel de 74,134 tonnes. Il y a eu, en outre, 1,329 entrées de barques de mer annamites contre 1,255 sorties, soit un mouvement intérieur de près de 2,800,000 francs et un tonnage de 59,057 tonnes. » Ces chiffres éloquents, ajoute le Courrier, correspondent, il n'en faut point douter, à un accroissement de bien-être et d'aisance dans la masse de la population indigène, qui peut aujourd'hui consommer plus qu'autrefois et dont les besoins grandiront encore.

Religion.

Le peuple annamite, avant la prédication du Christianisme (1600) pratiquait, nous l'avons dit,

---

(1) Messageries impériales, Marseille. — Compie anglaise péninsulaire.

le Boudhisme; les grands et les lettrés suivaient la doctrine de Confucius. Ces premiers rites ne subsistèrent pas longtemps dans toute leur intégrité, et de nos jours les Annamites vénèrent seulement l'esprit du foyer et les mânes des ancêtres. Leurs pagodes construites avec élégance renferment leurs génies ou esprits, ces esprits sont généralement représentés sous des figures de femme, suivant la coutume chinoise qui attribue une grande puissance au principe producteur.

Nous avons parlé assez longuement ailleurs des commencements et des développements du Christianisme en Cochinchine, il suffira de dire ici quelques mots sur l'état de la mission dans notre colonie. Depuis notre prise de possession, la paix a succédé à la persécution, et le nombre des fidèles s'est élevé à près de 50,000.

Le culte catholique compte 1 évêque, résidant à Saigon, 2 grands-vicaires, 5 curés, 12 desservants européens, 10 desservants indigènes, 1 grand séminaire dirigé par les missionnaires, des sœurs annamites dites amantes de la croix, fondées par l'illustre évêque d'Adran, des sœurs de Chartres, chargées des hôpitaux, et plusieurs maisons de frères des écoles chrétiennes dont le principal établissement, le collége d'Adran, est situé à Saigon.

TABLEAU DES DISTANCES DE SAIGON

AUX PRINCIPAUX POSTES DE LA COCHINCHINE.

De Saigon à :

Tây-Ninh	115k 900m
Trang-Bang	60
Ben-Suc (par Trang-Bang) .	85
Song-Tra (par Ba-Dièm) . .	45
Rach-Tra	24
Thu-Dau-Môt.	48
Thi-Tinh.	80
Thu-Duc.	12
Cho-Lon.	5 500
Cây-Mai.	7
Cho-Dêm	18
Ben-Luc.	31
Bà-Hom.	14
Rach-Kien.	33
Can-Duoc	41 500
Can-Giôc	37
Phuoc-An	45
Go-Cong.	57
Tân-An	42
Cho-Gao.	83
Binh-Dang.	89
Mi-Tho	70
Rach-Gam.	86
Tuoc-Nhiêu.	103

De Saigon à :

Cai-Bè.	114k
Cai-Nua.	126
Cây-Lây.	123
Binh-Phu (par Cây-Lây). .	127
Biên-Hoa.	27
Ben-Ca	34
Phuoc-Tân.	42
Long-Thành	61
Bà-Ria	121
Cho-Ben.	128
Biên-Than.	135
Bao-Chanh.	121
Ben-Tre.	100
Tra-Vinh	203
Mac-Bat.	274
Soc-Tran	341
Vinh-Lon	187
Sadec.	234
Can-Lo	241
Long-Xuyen	279
Rac-Gia	427
Chau-Doc	397
Ha-Tiên	630

TABLE DES MATIÈRES.

Pages.

2847 — Toulon, Typographie et Lithographie F. Robert.

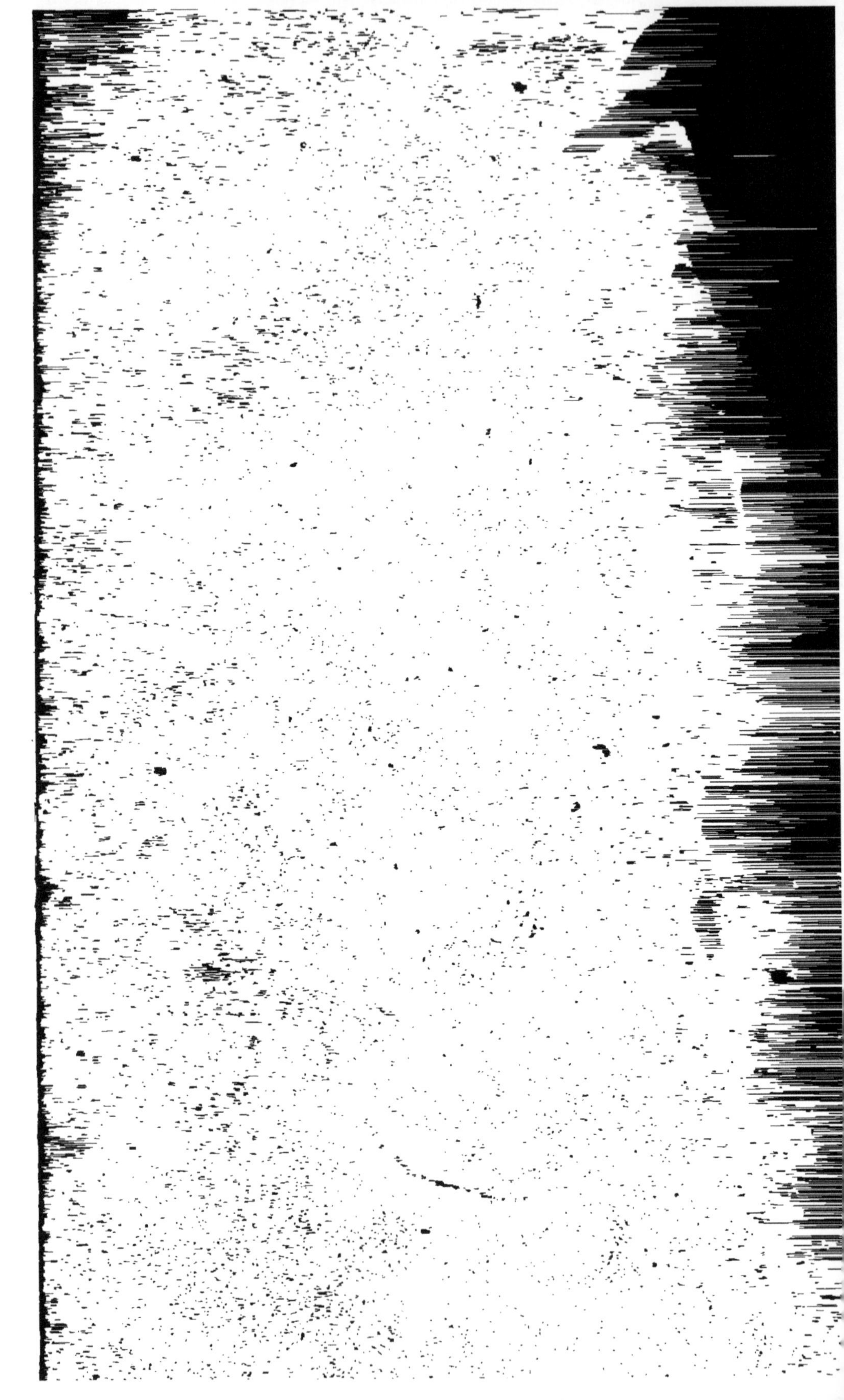

www.ingramcontent.com/pod-product-compliance
Ingram Content Group UK Ltd.
Pitfield, Milton Keynes, MK11 3LW, UK
UKHW020327250726
13967UKWH00004B/1909